ネム船長の哲学航海記Ⅱ

はじめての比較宗教学

なぜ「今日はツイている」のか

目次

まえがき 13

第1章　宗教学の立場について

1 「おじょうど」の話 18
2 人間と宗教 21
3 インドで経験したこと 25
4 本書の立場 27
5 比較することの重要性 30
6 宗教とは何か 33

第2章　宗教とは何か①――聖と俗

1 宗教の定義にはさまざまなものがある 36

2 辞書の定義を批判的に検討する①—「信仰」 38
3 辞書の定義を批判的に検討する②—「癒し」 40
4 辞書の定義を批判的に検討する③—「神聖」 42
5 聖と俗の区別 43
6 ネムの実家の裏の神社 45
7 聖なる時間 46
8 個人的な宗教は宗教といえるか? 48
9 定義の考察は次章へつづく 51

第3章 宗教とは何か②—超越的な存在者

1 超越的な存在者 54
2 バチがあたる 57
3 続・宗教の定義 59
4 批判的検討①—仏教を反例として 60
5 批判的検討②—アニマティズムを反例として 64

6　パワースポットについて　65
7　宗教大国日本　68

第4章　宗教とは何か③——宗教批判の立場からの定義

1　神が人間を創造するのではなく、人間が神を創造する　72
2　マルクスの定義　74
3　フロイトの定義　78
4　続々・宗教の定義　81
5　定義に対する態度　84
6　ネムの嘆き　85
7　愚かなネムの反省　92

第5章　無神論について

1　現代日本人と宗教　96

2　宗教を避ける日本人　98
3　無自覚的な自然宗教　100
4　宗教あっての道徳　103
5　無神論は有神論である　105
6　善良であるために宗教は必要か？　108
7　日本に無神論者・無宗教者はおそらくほとんどいない　109

第6章　宗教の「型」を学ぶ

1　宗教をタイプ別に分ける　114
2　有神的宗教の超越的存在者①――アニミズム的宗教・多神的宗教の場合　115
3　仏像の味わい方　119
4　有神的宗教の超越的存在者②――一神的宗教の場合　121
5　宗教進化論　123
6　無神的宗教としての仏教　126

7　無神的宗教としてのアニマティズムなど　128
8　汎神的宗教　130
9　草木国土悉皆成仏　132
10　神は大便にも宿る　133
11　神秘主義的宗教　136
12　預言者的宗教　139
13　すくい型／つながり型／さとり型　141
14　類型論の意義　144

第7章　神概念の内実

1　三つの神概念──一神教の神・神秘主義の神・日本の神　148
2　唯一絶対の人格神　150
3　神義論　153
4　神秘主義の神　155
5　日本の神　158

6 柳田國男説 159
7 身近な神 161
8 神社の思い出 163
9 三タイプの神概念への指摘 166

第8章 死生観①——死後の幸福の条件は何か

1 「死後の世界」 170
2 「死後の幸福」四パターン 172
3 タイプ① 死者の生前の階級・身分による 173
4 タイプ② 死者の生前の行為による 175
5 タイプ③ 死者の死後の行為による 178
6 タイプ④ 死者の死後における、死者の関係者の行為による 182
7 「宙ぶらりん」の魂 185
8 再び「類型」について 187

第9章　死生観②——他界の場所・内実
1　垂直線上他界　190
2　いろいろな地獄　192
3　死者の国　194
4　イザナギとイザナミ　196
5　オルフェウスとエウリュディケ　198
6　水平線上他界　202
7　島唄　205
第10章　いろいろな宗教的実践
1　思想面と実践面　210
2　儀礼　211
3　通過儀礼と強化儀礼　213
4　壮絶な成人式　215

5　呪術　217
6　マジナイとウラナイ　219
7　祈り　221
8　修行　224
9　部活動も修行か？　227
終章　本書のおわりに　232
読書ガイド　239
あとがき　243

まえがき

本書は宗教学の入門書である。あたりまえであるが、宗教学は宗教そのものではない。生物学が生物そのものとは異なっているのと同じであり、倫理学が倫理そのものとは異なっているのと同じである。生物について研究するのが生物学であり、倫理について研究するのが倫理学であって、生物学についてはへんな誤解を持つ人はいないと思うが、倫理学に関しては「倫理を教え込まれる」と警戒する人がいたりするので、宗教学についてもそういった誤解のないように最初に念を押しておく。

倫理学は「ウソをついてはいけない」「人を殺してはいけない」といった意見について、「なぜそういえるのか?」という問いを立てて倫理を批判的に考察するものであって、倫理を教えこむものでは決してない。宗教学も同じであって、宗教を強要したり、宗教の素晴らしさを延々と語ったりするものでは決してない。あくまで宗教に対して客観的に接するのが宗教学である。

この点は極めて大事なので第一章で詳しく話すが、まえがきでも簡単に確認しておきたい。宗教学はたとえば「神は存在するのか」ということは問わないし、「人は死んだら生まれ変わるのか」ということについても同じであって、その問題自体には決して関わらない。そんなことはわかりようがないからである、というのが宗教学の大前提であるといってよい。

宗教学にとって重要なのは「神が存在していると考える人がいる」「来世があると、

考える人がいる」という事実そのものである。その人たちは「神」についてどのように考えているのか、どうすれば「天国」に行けると考えているのか。その人たちはどのように考えているのかという事実を正確に把握し、その人たちが持っている神観念や世界観などを探り、宗教というものをよりよく理解しようとするところに宗教学の営みがある。まずはこの点をしっかりおさえておいてほしい。

さて、本書は高校生でも読むことができるレベルの入門書として書かれている。言葉使いに関しては無駄に難解な言い回しは避けるようにし、内容に関してはやたらと難解な議論はしない、といった方針を採用している。この方針は、「ネム船長の哲学航海記」というこのシリーズに共通しており、シリーズⅠの『ソクラテスからの質問』についても、わかり易いという評価はあっても、難しくて読めないと指摘されたことはいまのところないので、読者の方は安心して最後までついてきてほしい。

「ネム船長の哲学航海記」というこのシリーズ名についても簡単に述べておこう。まずは「ネム船長」というワードについてである。私は「根無（ねむ）」という珍しい苗字であるので、この苗字を用いて何かできないかという名古屋外国語大学出版会の元編集主任である川端博さんの茶目っ気たっぷりの意向によって、ヴェルヌの『海底二万里』の個性的な「ネモ船長」にあやかって「ネム船長」が誕生した。この経緯の詳細についてはシリーズ一作目に書いてある。

次に「哲学航海記」という名称についてもいくつか述べておきたい。本書の主題は宗教学であって哲学ではないのであるが、哲学という言葉は一般的にはかなり柔軟に用いられており、人間の思想に関する領域を広く問題にするという意味で理解されていたり、ものごとを独特の切り口で深く考えることを「哲学的」と言ったりするので、そのようなものとして受け取っていただけたらと思う。宗教について書かれた本であるということで、「仏教の各宗派の信徒数」とか「神社参拝のマナー」とか「歴史上の偉大な宗教家の功績」とか、そういった事柄を思い浮かべる人も中にはいるだろうが、仮に扱うにしても本書がそれらを主題にすることはない。「哲学航海記」というシリーズ名がついていることによって、本書の目的は宗教について独特の切り口で深く考えることにあると直観的に察していただけるのではないかと思う。

ちなみに、冒頭で「本書は宗教学の入門書である」と書いたが、厳密にいえば「基本的には宗教学を扱う入門書」といった方が正しい。本書は名古屋外国語大学の「比較宗教論」という一般教養科目の教科書を想定して書かれているが、その授業で私は宗教学の知見以外にも、民俗学や哲学や神学など、専門的には別領域に区分される学問分野の知見を扱っているからである。

私の「比較宗教論」は、宗教学について体系的に解説する授業ではない。それは私自身に体系的な解説を満足に行う実力がないからであるが、そもそも、体系的に内容を網羅する授業は受講してつまらなかった記憶しかないので、そのような授業はしたくないという強い思いもあって、私の授業の内容は宗教学や民俗学などに関して私自身がワクワクするものに限っている。それゆえ、一般的な宗教学の入門書に比べると本書の内容には偏りがあるが、一番重要なのは宗教についての知識を詰め込むことではなく、宗教について自力で考察する力を身に付けることであるというのが私の考えであって、本書の読了後にはそういった力が増大しているはずである。

最後に一言。「ネム船長」と銘打ってはいるが、私は船舶の免許は持っていないし、それどころか車やバイクの免許も持っていないのでよく驚かれるのであるが、さらに携帯電話も持っていないと言うと本格的に驚愕されて、それでどうやって生きていけるのかと心配されることがよくある。この本はそんな私が書いていることもあり、現代の重要な価値観の一つとして通用している「タイパ（タイムパフォーマンス）」とは無縁の仕上がりになっている。私は経験上、のろのろと進む旅にしか得られないもののよさを知っている。ゆっくりと、ときには大いに回り道と脱線をしながら、少しずつ航海を進めていくことにしよう。

なお、私は「比較宗教論」の授業を作るにあたって、以下の文献の多大なる恩恵を受けているので、本書においてもかなりの箇所で参照させていただいている。とくに断っていない場合でも同じような議論をしている場合があるかもしれないが、それはこれらの書物が私の血となり肉となっている証拠である。これらについては本書の最後の「読書ガイド」でも改めて紹介させていただきたい。

- 石井研士『プレステップ宗教学』弘文堂、二〇一〇年。
- 柳川啓一『宗教学とは何か』法蔵館、一九八九年。
- 脇本平也『宗教学入門』講談社学術文庫、一九九七年。
- 岸本英夫『宗教学』大明堂、一九六一年。
- 岸本英夫『宗教現象の諸相』大明堂、一九七五年。

第1章 宗教学の立場について

1 「おじょうど」の話
2 人間と宗教
3 インドで経験したこと
4 本書の立場
5 比較することの重要性
6 宗教とは何か

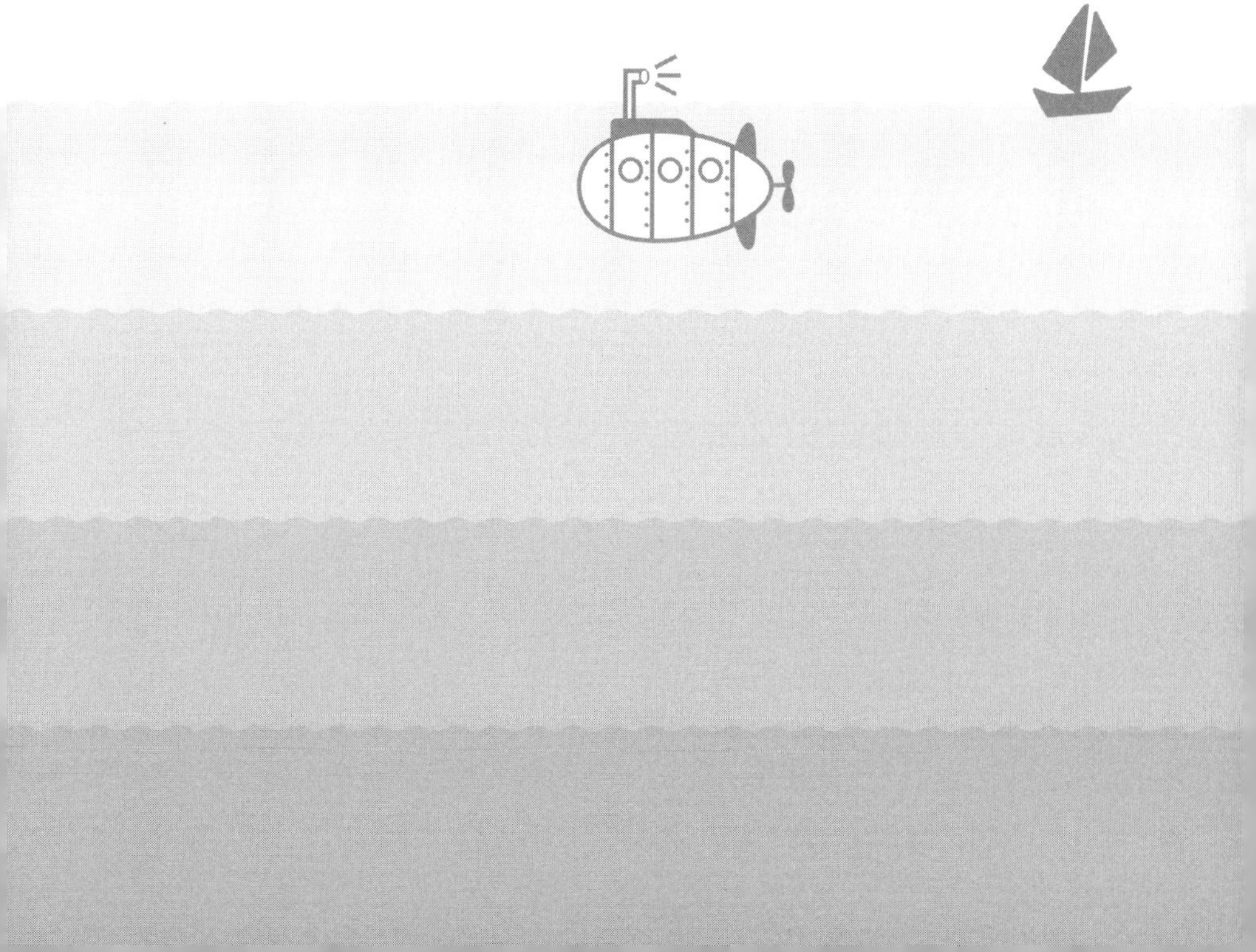

ネム船長の羅針盤

宗教学はいろいろな宗教を比較するが、それは「どの宗教が一番優れているか」を考察するためではなく、各宗教の特徴をあぶりだすためである。比較をしてはじめて客観的な理解が可能になる。

「一つしか知らないのは何も知らないのと同じである」
……マックス・ミュラー

1　「おじょうど」の話

私の父は私が小学校二年生を終える直前に病死した。父は多くの人に慕われていたらしく、非常にたくさんの方が葬儀に来られていたが、仏教学者であった父はお寺にも関わっていたため、大勢のお坊さんや学者などの仏教関係者もたくさん来られていた。そして私は彼らから「おとうさんはおじょうどにいるんやで」と何度も何度も慰められた。

まだ八歳であった私にも死というものの意味はある程度わかっていたように思うが、「おじょうど」なる言葉は私を混乱させた。死んでしまってもはやいないはずなのに、「おじょうどにいる」というわけで、天国とはまた違うのか、それとも同じようなものなのか、それはこの世界とは別の世界なのか、なぜみな一斉に「おじょうど」と言うのか、せめてもの慰めのために言ってるだけなのか、などなど、よくわからなかったのである。とはいえ、「おじょうどにいる」の「いる」が私にいくらかの安心感を与えたことは確かであるような気がする。「いる」以上は「消滅した」わけではなく、また会えるはずだと思ったからである。

その後すぐに小学校三年生になり、日常的な学校生活が再開した。担任は平家先生という武士のような名前の人間味あふれる先生だった。具体的にどのような授業を行い、どのような遊びをしたのか、というようなことはもうほとんど忘れてしまったが、平家先生はほかの先生とは違っているということだけは体感としてよく覚えている。児童の目線で接してくれる先生、といえばそうなのかもしれないが、より本質的には、教師としてというよりもむしろ一人の「人間」として私たちに接してくれる先生だったと思う。怒られたこともたくさんあるが、「学校の先生」にありがちな理不尽さを少しも感じなかったし、児童の成長を願って怒っているということをクラスメイト全員が理解していた（いきなり脱線気味であるが、お許しを！）。

その平家先生の授業で、いまでもはっきり覚えていることがある。それは国語の時間で、「お」が頭につく言葉にはどんなものがあるか、ということが話題になっていたときのことである。クラスメイトたちが手を挙げて、「おかあさん」や「おはし」「おとこ」などといった言葉が出てきた。そこで次に、実は「お」がなくてもいい言葉にはどんなものがあるか、という話になり、「おかあさん」「おはし」「おかね」「おじいさん」などの言葉が出た。そして最後に、「お」が必要な言葉は?ということになって、「おとこ」「おんせん」「おやじ」などが並んだが、案外それ以上には出てこなかった。そこで私は手を挙げて、仕入れたばかりの言葉である「おじょうど」と言ったのである。

父の葬儀以来、頻繁に我が家（浄土真宗）にやってくるお坊さんたちがやはり頻繁に「おじょうど」や「あみださん」いう言葉を用いており、私にはその言葉がやけにかっこよく聞こえ、妙に鼻が高いような気さえしていた。父は特別すごい「あみださん（＝阿弥陀仏）」とともに特別すごい「おじょうど」にいるに違いないという気がしていたからである。そして、とくにこの「おじょうど」という言葉はおそらく仏教特有の専門的な言葉で、小学校の同級生たちは知らないに違いない、という優越感も併せて感じていた。そういう次第で、私は得意気にこの「おじょうど」という言葉を教室で披露したのだった。

平家先生はほんの少し間をおいてから、「おじょうどは『じょうど（浄土）』の丁寧な言い方やで」と言った。私は、「おじょうど」の「お」は「おはし」の「お」と同じだったのかと理解したと同時に、そう話す平家先生のなんとも悲しげな顔を見逃さなかった。こんな難しい言葉をよく知っているなと褒められることを期待していた無邪気な私には平家先生のこの表情が意外だったからである。しかしすぐに私は「おじょうど」という言葉が持つ意味を完全に理解した。平家先生が悲しそうな顔をした理由が急にわかった気がした。つまり、私はそのときようやく父が死んだということを真に理解したのであった。

2　人間と宗教

一度死んだら生き返ることはない。だから、お互いが生きていた頃と同じステイタスの存在者として再会することは決して叶わない。しかし、不思議なことに、私は父の不在を寂しいと感じた記憶がないのである。母は自宅でできる仕事を始めたのでずっと家にいたし、私は双子なので常にカタワレのネムがいた。また、当時はまだ祖父母といっしょに住んでいたし、私にはたくさんの友達もいた。しかし、そういったこととは無関係に、本質的に私は寂しさを感じなかったような気がする。それは、やはり「おじょうど」という概念のためであった。

人間を単なる物質としてのみ把握する立場からすれば、死者は石ころと同じであって、死者は死者となった瞬間に生きている人とは絶対的に断絶した存在者になってしまうはずであり、火葬されて骨だけになるともはや生前の人間の姿をまったくとどめていないわけであるから、父は消滅したことになるだろう。もしそうなら、私は寂しさを強く感じていたはずである。しかし、どうやらそうではなかった。「おじょうど」という概念の存在は、人間を物質的に把握する立場以外の別の立場の存在を私に教えてくれていたのである。

考えてみると、死者を石ころとして扱う文化は世の中に存在しないだろう。

むしろ、どの文化においても死者は丁重に弔われるのではないだろうか。世界にはハゲワシに遺体を食べさせる「鳥葬」という葬法があって、火葬を常識とする日本人からすればグロテスクに見えるかもしれないが、当の文化において「鳥葬」は死者を弔う丁重な方法である。

死者は単なる石ころではないと私は思う。丁重に弔うべきだと思う。条件が整わず無造作に扱うしかないときもあるかもしれないが、それは例外的な場合であって、可能な限り丁重に弔うべきだと思う。*1 このように考えるところに、一つの宗教的な次元が開けているといえる。「あみださんといっしょにおじょうどにいる」という理解は、死者を石ころと考えない人なら誰でも行い得るものである。

このことに関して、二〇〇六年にテノール歌手である秋川雅史が歌って大ヒットした「千の風になって」（訳詞　新井満）という曲を私は思い出す。次のような歌詞である。

私のお墓の前で
泣かないでください
そこに私はいません
眠ってなんかいません
千の風に
千の風になって

＊1　死体を山中に遺棄する殺人犯であっても親友が死んだら丁重に弔うはずであるから、死体遺棄はあくまで例外であって、山中にいる殺人犯自身も今行っている自分の行為を例外的なものと考えているはずである。

あの大きな空を
吹きわたっています

人は死んでもなお「あの大きな空」の中に存在していると説くこの歌の大ヒットは、死者は単なる物質的存在ではないという考え方に共感する人の多さを雄弁に物語っているだろう。

もっとも、「死者を物質としてしか考えない」という立場をとらないなら、「あの大きな空の中に死者の霊が存在する」という立場をとることになるかといえば、そういうわけでは必ずしもない。というのも、「存在するかどうかはわからない」という立場もありえるからである。そして、実際のところ、この「存在するかどうかはわからない」というタイプの考え方をしている人が大多数だろうと思われる。実は私もこのタイプの考え方をしているものの一人である。

ごく平凡な考え方であるように思われるこのタイプも、宗教学的に見た場合にはそこに興味深い事実を指摘することができる。というのも、「存在するかどうかはわからない」以上は、「存在しないかもしれないが、存在するかもしれない」というわけで、この考え方は「死者の霊」や「神」のようなものに対して実際にいろいろな場所で行われている気遣いの前提になっていると考えられるからである。

たとえば、誰に見られているわけでなくとも遺骨を納めた骨壺を乱暴に扱う人はいないだろうし、鳥居におしっこをかける人もいないだろう。無人の神社でお金を入れずにセルフサービス式のおみくじを引いてもまったくありがたみがないような気がするだろうが、それも同じである。[*2] 一定の条件下では、必ず何らかの気遣いが行われているはずなのである。

こういう気遣いは無自覚的になされている場合が多い。それもそのはずで、この種の気遣いは「死者の霊が存在する」や「神は存在する」という信念を持たずとも行い得るものだからである。ここに日本人の宗教観を理解する秘訣があるのだが、この点については本書のいろいろな場所で検討することになるだろう。これが本書に通底する一つの大きなテーマでもある。

ともかく、死者を丁重に弔うこと、他はともかく墓石を踏みつけたりしないこと、ただの木工品とは違って位牌は丁寧に扱うこと、学校のトイレに落書きする人でもさすがに鳥居に落書きしたりはしないこと、こういうごく当たり前の気遣いには、——ごく当たり前であるゆえに、それが気遣いだということさえ意識されない場合が多い——、宗教的な次元が関わっていると見ることができる。

このように考えてみると、非宗教的な世界に暮らしている多くの人も、恐らくは同時に宗教的な世界にも暮らしているといえるだろう。とすれば、宗教について知ることは、世界を豊かに生きることにつながってくるはずである。いままで単層的だった世界が重層的に見えてくるからである。

＊2　そのようにしておみくじを引いてもし「大凶」が出たら、「お金を払わなかったらだ!」とつい考えてしまうだろうし、逆に「大吉」が出たとしても、「この大吉では幸福は訪れてこない」という気がするのではないだろうか。

3　インドで経験したこと

さて、蛇足ながら、その後の少年ネムについてあと少しだけ記しておきたい。

幼い私は母を含む多くの人から父がいかにすごい仏教学者であったかをよく聞かされたものだった。それがずいぶん誇らしかったのもあって、私は自然と仏教に興味を持った。とくに何らかの勉強をしたわけではなかったが、仏教が生まれたのはインドであるということは知っていたので、いつかはインドに行ってみたいと思うようになっていった。

高校卒業後、大学に進む気がなかった私は放浪の旅に出た。私はその頃すでに野宿や焚火、素潜り漁などの腕を磨いてそれなりに自信があり、ワクワクしていた。奄美大島の無人島に行き、八重山諸島をうろうろし、最終的に西表島の民宿で働いていたときのこと、私と同じように旅の途中で働きに来た女性がいた。彼女は少し前にインドに行ってきたという。私のインド渡航への想いは急激に高まり、ついにインドに行くことにした。

インド放浪の旅に出た私は、聖地バラナシに数週間滞在し、ガンジス河をぼんやり眺めて過ごす日々を送っていた。河岸には野ざらしの火葬場があり、キャンプファイヤーのように組み上げられた木々の上に死者が置かれ、焼かれていく光景を毎日眺めていたのである。

なぜ延々と眺めようとしたのかということはそのときは自分の中で問題には

ならず、ただ単に河岸に座って何も考えずにぼーっと眺めていただけであったが、いま思うと、日本では決して見ることのできないこのような光景に興味津々だったのだろうが、幼いころに「死」に直撃された私にとって、生と死が混在しているこの場所にそれだけより強く惹かれたからだと思う。日本においては「死」は閉鎖的に覆い隠される気がしていたのに対し、この河原では「死」が開放的であり、このような場所が存在することをうらやましいと感じていたことはよく覚えている。

ガンジス河は宗教的目的からそこへ遺灰を流す聖なる河であるわけであるが、人々はこの河で洗濯をし、歯を磨き、体を洗い、そしてトイレもするので、日常の暮らしを支える河でもあって、聖と俗が混然一体となっている。私はガンジス河で沐浴する際にこの「聖と俗」を強烈に経験したことがある。

インドでは一般的にいって、日本人の周りには物売りが取り巻くことになる。お金を持っていると見られるからである。私のようなボロボロのジーパンとTシャツの若者にも物売りが近寄ってきてはなんやかんやと勧めてくるのである。河岸に座ってのんびり河を眺めていたとはいえ、けっこうな頻度で物売りが近づいてくるのでうんざりしていたのであるが、沐浴をするときだけは彼らは決して私には近づいてこなかった。そのときは不思議だなと思っていただけであるが、あとあと考えてみると、沐浴という行為は「聖」であって、「俗」によって汚すことはあってはならないという感覚を彼らが持っているからなのかもしれない。

インドではほかにも印象深い経験をいろいろしたのでそのことも記しておきたい気もするし、インド以降も私の放浪は続くのであるが、本書は紀行文ではなく宗教学の教科書であるので、いまはこのあたりで切り上げよう。放浪についてはまたのちほど少し触れることにしたい。本書の特徴の一つは、私自身のことをかなり書いていることだろう。そのことによって、読者自身も自分の場合はどうかということをつい考えてしまうのではないかと思う。恐らく大なり小なり類似の経験があると思われるからである。

ともかく、父の死が私に仏教への関心を呼び起こし、やがて仏教が宗教というものの一つであることを知るにいたって、ほかにどのような宗教があるのか、仏教の「阿弥陀仏」に相当する存在者はほかの宗教にもあるのか。「死」に対していろいろな宗教はどのように考えるのか、ということに興味を持つようになった。「天国」よりも「涅槃寂静《ねはんじゃくじょう》」の方がカッコイイ！というような低レベルの接し方であったが、それでも徐々に知識が増えてくると、類似性や独自性に気がつくようになり、やがて自分で本格的に勉強するようになっていまにいたっている。

4　本書の立場

さて、ここまで主に自分の経験を書き連ねてきたが、宗教に関わると思われるいろいろな概念がすでにたくさん出ているので、それらの概念についてざっと拾ってみよう。

①「浄土」と「天国」の違いは何か
②「浄土」は実在するか
③「浄土」はどこにあるか
④「浄土」とはどのようなものであるか
⑤「浄土・浄土」となぜ皆が言うのか
⑥「浄土」は安心を与えるための方便に過ぎないのか
⑦死者はみな「浄土」に行くのか
⑧「阿弥陀仏」と神はどう違うのか
⑨「阿弥陀仏」とはどのようなものであるか
⑩「阿弥陀仏」は実在するか
⑪なぜ「鳥葬」というものがあるのか
⑫なぜ日本では死を覆い隠すのか
⑬なぜ遺灰を河に流すのか
⑭なぜ沐浴するのか
⑮「聖と俗」の区別にはほかにどのようなものがあるか
⑯なぜ「今日はツイている」のか（↑これは本書のサブタイトル）

本書がこれらについてどのような扱い方をするかおわかりだろうか。本書読了後にはこれらについて或る程度自力で考察する力が身に付いていると思うが、すでにまえがきで述べたように、②や⑩は問題そのものとしては扱わない。つまり、浄土や阿弥陀仏が実在するかどうかは決して問わない。

世界には神の存在を強く信じる宗教がいろいろあるが、「神の存在」ということに対して宗教学が問題にするのは、「その人たちの持つ神観念はどのようであるか」「その神を信仰すればどうなると考えられているか」などということであって、神が現実に存在するかどうかは問題にせず、保留したままにする。その宗教内部の人たちにとっては保留にしたままでいいはずがないのであるが、宗教学にとってはそれでよいのである。

また、③「浄土はどこにあるか」や④「浄土とはどのようなものであるか」についても、「浄土はどこにあると人は考えているか」「浄土とはどのようなものであると人は考えているか」という仕方で扱う。「どこにあるか」と「どこにあると人は考えているか」は一見似ているが実はまるで異なった問いであることがわかるだろうか。

「西方浄土」という言葉を知っている読者であれば、「浄土」は「西の方向にある」と答えることができそうであるが、この答え方は客観的ではない。なぜなら、西の方向に「浄土」が存在することを客観的に確かめた人はいまだかつて誰もいないからである。しかし、「仏教は浄土を西の方向にあると考えている」と答えるなら、そのような答えが存在している限りで、「仏教は浄土を西の方向にあると考えている」という客観的な事実を捉えたことになる。これが重要なのである。

「宗教学」という学問は世界に存在しているさまざまな宗教について、「実際にどういう営みがなされているか」「実際にどういう世界観を持っているか」「実際にどういう教義を持っているか」といった「事実」に注目する。「どこでどういう信仰が行われているか」「その信仰を持つ人の死生観はどのようであるか」という「事実」をデータとして把握して、たとえばほかの宗教との共通性や差異などを見出し、宗教というものについての理解を深めようというわけである。

したがって、扱う宗教や宗教現象について「それは善い or 悪い」といった価値判断は行わない。「この宗教のこの考え方は素晴らしいのでみんなも真似するように」などとは絶対に言わないのが宗教学である。あくまで事実がどうであるかだけが宗教学の問題なのである。

5　比較することの重要性

このことは、宗教学は各宗教を相対的に扱うという意味でもある。相対化のためには当然ながら複数の宗教を議論の俎上に乗せなければならない。たとえば、人生ではじめて入ったラーメン屋の味に感動し、その後もひたすら同じその店に通い詰めるのはすばらしいことだと私は個人的に思うが、ほかのラーメン屋に行ってみない限りはそのラーメンの「特質」を客観的には把握できないだろう。ほかのラーメン屋と比較し、「違い」というものがわかってはじめていままで食べていたラーメンの「特質」もわかるはずだからである。

ここで重要なことは、「特質がわかる」ことと「どちらが優れているか」ということはまったく別の問題だということである。たとえば、人生でラーメンとしては「天下一品」のラーメンしか食べてこなかった人が、「味仙」のラーメンを食べたら、スープの味や濃淡、麺の形状や硬さの具合、トッピングの内容、などなどの違いにビックリするだろう。さらには、「日清カップヌードル」を食べたらまた全然違っていてビックリするはずである。

さて、いろいろなラーメンを食べ比べてみれば、「どれが一番美味しいか」ということについて何か言いたくなるかもしれないが、宗教学の立場からすれば、それはどうでもいいことである。一つのラーメンしか知らない間はそのラーメンの「特質」というものはまったく見えてこないが、ほかのラーメン屋に行ってみると、それぞれのラーメンの「特質」が見えてくる。これが大事なのである。

「天下一品」しか知らないうちは、自分が食べているラーメンのスープが濃厚であるかどうかなどは気にならない。それしか知らないわけであるから、問題になりようがない。しかし別の店に行ってみると、「どうやらほかのと比べてこのスープはずいぶん濃厚だぞ」とか「非常に辛いスープのラーメンもあるんだな」などということがわかってくる。

宗教学の「祖」と評価されるマックス・ミュラー（一八二三〜一九〇〇）は「一宗教しか知らない者は、宗教について少しも知らない。多くの人々は、その信仰が山を移すくらい強いにせよ、宗教とは実に何かと問われると、一言も発せず、或いは信仰の内部性質やその能力についてよりも、その外側の表象について語るに過ぎない」と言っている。[*3]ラーメンの話に引き付けると、一つのラーメンしか知らない人が語るのは、「器」「店の内装」「店主の顔」といった「外側の表象」だけだということになろう。

ともかく、ほかと比べてみると、「この店のスープは魚介で出汁をとっている」とか「この店の麺はちぢれている」といったいろいろな判断がなされることになるだろう。こういう判断には「どちらが好ましいか」という「価値判断」が往々にして含まれているが、「この店のスープは魚介で出汁をとっている」とか「この店の麺はちぢれている」という判断そのものはあくまで「事実」についての判断であって、「価値」はまた別次元の事柄である。

しつこく話しすぎたかもしれないが、これで宗教学の立場を十分に理解してもらえたと思う。私が担当している「比較宗教論」という授業科目名を見て、どの宗教が一番優れているかということを考察する授業だと勘違いしている学生も中にはいるが、最初の授業の中で、「比較」は優劣をつけるためではなく事実をよりよく理解するためのものであると話すと、この考え方は宗教学だけでなくいろいろな場面においても重要ですね、という反応が返ってくることもある。我が意を得たり！と、とても嬉しく思う次第である。

すでに挙げた言葉を用いるなら、現代は「タイパ」や「コスパ」の時代であって、すぐに「対効果」ということを求める風潮がある。たしかに「タイパ」や「コスパ」が大事な場面もあるが、すべてに対してそういう価値観で接するという

＊3　ミュラー（比屋根安定訳）『宗教学概論』誠信書房、一九六〇年（原著は一八七三年）、三三～三四頁。

ようなことになると、ものごとをじっくり見る・考察するということに意義を見出さなくなってくるだろう。これでは人間はどんどんアホになっていく、と私は思う。「いいか悪いか」の判断を下す前に、じっくり見てじっくり考えることが大事な場面もきっとあるはずで、大学というのはそういうことをまさにじっくり経験できるすばらしい場所だというのが私のかねてからの考えである。

6　宗教とは何か

ラーメンの話に戻ると、私は「天下一品」や「味仙」や「カップヌードル」をラーメンの例として挙げたわけであるが、「そもそもラーメンとはいったい何なのか」という点をおろそかにしたままではいけない。というのも、もしかすると、「日清カップヌードル」はそもそもラーメンではない、と主張する人たちもいるかもしれないからである。そのような人の「ラーメン観」と、「日清カップヌードル」もラーメンだと見なして議論してきた私の「ラーメン観」は明らかに異なっているからである。

こう考えると、おそらくほかにも様々な「ラーメン観」があるような気がしてくる。宗教についても同じである。事実として世界にはいろんな宗教があるように私には思われるが、「宗教とは何か」という定義の内容によっては、私が宗教だとみなしているものを宗教とはみなさない立場もあるかもしれないし、さらには「真の宗教は一つだけでほかはすべてニセモノだ」という立場もあり得るかもしれない。[*4]「宗教とは何か」という問いに対していったいどのように答えることができるだろうか。

というわけで、本書の立場の確認も終わったことであるし、いよいよ具体的な内容に入っていくことにするが、上で述べたように、まずは「宗教とは何か」というテーマを追究することから始めることにしよう。すでに読者はこの問いが気になって仕方がないと思うし、この方針が有益だろう。また、第四節で提示した十六の問いについては、本書の一番最後にまとめて検討することにしたい。

＊４　「キリスト教はその純粋な形態においては他宗教と並ぶ一つの宗教ではなく、唯一の宗教（die Religion）である」「この宗教（キリスト教）について知らないものはこの宗教をその歴史とともに知っているものはすべて（の宗教）を知っている」とするアドルフ・フォン・ハルナック（一八五一～一九三〇）がそういう立場の典型である。このハルナックの言葉については古屋安雄『宗教の神学――その形成と課題』（ヨルダン社、一九八五年）から学んだ。

第2章 宗教とは何か①—聖と俗

1 宗教の定義にはさまざまなものがある
2 辞書の定義を批判的に検討する①—「信仰」
3 辞書の定義を批判的に検討する②—「癒し」
4 辞書の定義を批判的に検討する③—「神聖」
5 聖と俗の区別
6 ネムの実家の裏の神社
7 聖なる時間
8 個人的な宗教は宗教といえるか？
9 定義の考察は次章へつづく

ネム船長の羅針盤

われわれは聖と俗を区別して生きている。あまり自覚はないかもしれないが、お墓参りや初詣やお盆など「普段とは違う行事」が営まれるとき、そこには「普段とは違う空気」が張り詰めているだろう。こういう事象を「聖と俗」という概念によって考察してみよう。

「宗教とは聖なるものに関連した信念と行事との連帯的な体系である」

……エミール・デュルケーム

1　宗教の定義にはさまざまなものがある

「宗教とは何か」と問われたらあなたはどう答えるだろうか？　なんとなく雰囲気的には理解しているが、いざきちっと答えようとしたらうまく答えられない、という人が多いのではないだろうか。私の手元にある辞書を引いてみると、次のように書いてある。

①神や仏など人間の力を超える絶対的なものの存在を信じ、それを信仰すること。また、そのための教義や制度の体系。　……『明鏡国語辞典』

②心の空洞を医《いや》すものとして、必要な時、常に頼れる絶対者を求める根源的・精神的な営み。また、その意義を必要と説く教え。

……『新明解国語辞典』

③神または何らかのすぐれて尊く神聖なものに関する信仰。また、その教えやそれに基づく行い。

……『岩波国語辞典』

④神・仏などの超越的存在や、聖なるものにかかわる人間の営み。

……『デジタル大辞泉』

辞書には以上のような説明が書かれている。これらを読むとたしかになんとなくイメージできるだろう。しかし、実はこれらの辞書の定義はいずれもかなり偏ったものであり、或る一面しか見ていないと批判することが可能である。①の定義は「絶対者への信仰」を軸にしているだろうし、②は「絶対者による癒し」がポイントだろう。また③は「神聖なものへの信仰」を軸にしているように見えるし、④は③と似ているが「信仰」という概念ではなく「営み」に力点が置かれているように見える。「信仰」「癒し」「営み」ではまるで内容が違うし、「絶対者」と「聖なるもの」も同じではない。なぜこのように定義にばらつきがあるかといえば、要するに、定義をするのが非常に難しいからである。

一九六一年に当時の文部省宗務課が出した『宗教の定義をめぐる諸問題』と

いう出版物では、東西の学者一〇四名によってなされた定義が合計一〇七示されている。つまりそれぐらい定まった見解がないわけである。その一〇七の中には、「宗教とは、恐怖から生まれた病気、あるいは人類の無限のみじめさの根源である」というアメリカの哲学者バートランド・ラッセル（一八七二〜一九七〇）の定義や、「宗教とは、よりよい新社会組織を建設しようとする熱望である」というロシアの地理学者・無政府主義者クロポトキン（一八四二〜一九二一）の定義が載っているが、この二つはほぼ正反対の立場であるように見える。定義はまったく統一的ではないわけである。

また、宗教学を学ぶ上で必携の『宗教学辞典』でも「宗教の定義は宗教学者の数ほどある」とされ、先に紹介した『宗教の定義をめぐる諸問題』の一〇七の定義に触れて「その気になればさらに多くの定義を集めることも、さして困難ではない」と記されている。*5

ともかく、それだけ多くの定義があるのは、宗教という事象に対する見方や強調点がそれだけ多様であることの証拠であり、従ってどの定義にも必ずなんらかの偏りがある、ということである。そこで、先に紹介した辞書の定義①〜④について、具体的にその「偏り」をあぶりだしてみよう。

2　辞書の定義を批判的に検討する①―「信仰」

まずは①『明鏡国語辞典』の定義から始めよう。

*5　小口偉一・堀一郎監修『宗教学辞典』東京大学出版会、一九七三年、二五六頁。

神や仏など人間の力を超える絶対的なものの存在を信じ、それを信仰すること。また、そのための教義や制度の体系。

この定義の要点は「絶対的なものを信仰すること」にあるといえそうである。しかし、信仰の対象は必ずしも「絶対的なもの」であるとはいえない場合もあるように思うし、何かを「信仰する」ような営みを持たない宗教もあるように思う。

たとえば、「ご先祖様」を大事にする伝統がある日本では、お墓参りをするし、仏壇に手を合わせるし、一周忌や三回忌などの法要を律儀に行う人がかなり多いので、外国の人の目には日本人は「ご先祖様を信仰している」というように映るようである。しかし、当の日本人自身には「ご先祖様」を「信仰」しているという意識などないだろうし、ましてや「ご先祖様」を「絶対的なもの」として考えているような人はほとんどいないと思う。

とはいえ、いま上で見た日本の伝統的な営みを宗教的だと考えない人もまたほとんどいないだろう。それらの営みに関わるとき、自分はいま宗教的な事柄に関わっているという意識をたしかに持っているはずである。宗教に関わりながらも、「信仰」とは無関係であるというこの感覚は、多くの日本人に共有されているオーソドックスなものだろう。

日本人の宗教観についてはあとでじっくり考察するので詳細は措くが、「絶対的なもの」も「信仰」も関わっていないのが日本的な宗教だとすると、『明鏡国語辞典』の定義ではこのような感覚をうまく扱えないことは明らかである。言い換えると、『明鏡国語辞典』の立場からすれば、つまり、「絶対的なものへの信仰」を宗教の本質として重視する立場からすれば、お墓参りや十三回忌といったような日本の伝統行事は宗教的ではないということになってしまうわけである。

「信仰」に宗教の本質を置く立場として、オランダの宗教学者ティーレ（一八三〇〜一九〇二）の定義を紹介しておく。

信仰は宗教の生命である。信仰なき宗教は死んでいるのである。[*6]

神が人よりも優れているということの十分な確信と結びついた神と人との精神的統一の信仰は、すべての宗教の核心である。[*7]

この定義についてもっと追究してもいいが、私の言いたいことはすでに十分に伝わったと思うので、次の『新明解国語辞典』の定義に移ろう。

3　辞書の定義を批判的に検討する②──「癒し」

次に、②『新明解国語辞典』の定義を見てみよう。以下の通りである。

＊6　チーレ（鈴木宗忠・早船慧雲訳）『チ氏 宗教学原論』内田老鶴圃、一九一六年（原著は一八九九年）、四〇四頁。

＊7　同書、四〇六頁。

心の空洞を医すものとして、必要な時、常に頼れる絶対者を求める根源的・精神的な営み。また、その意義を必要と説く教え。

この定義でも「絶対的なもの（絶対者）」が重要な意味を持っているように見える。とくに、その「絶対的なもの」に「癒し」を求めて「必要な時に頼る」ことがこの定義のポイントのようである。しかし、「必要な時に頼る」ことをしない宗教もある。

たとえば、仏教がゴータマ・シッダールタ（BC四六三？〜三八三？）によって創められた当時、仏教の目標は「自力で修行を積むことによって悟りをひらく」ことであった。「絶対者を頼る」ようなことはなかったといってよい。いまでも禅宗の僧は座禅をして悟りをひらくことを目指すが、それはあくまで「自力で」であって「絶対者の力に頼る」仕方ではない。だから『新明解国語辞典』の定義に基づけば、仏教を創始したゴータマは宗教者ではないことになるし、古い仏教も全般的にそうであり、現代においては少なくとも禅宗がそうだろう。この論点もあとでまた詳しく取り上げたい。

また、日本の大哲学者である西田幾多郎（一八七〇〜一九四五）は彼の有名な『善の研究』（一九一一年）の中で、「我々は自己の安心の為に宗教を求めるのではない、安心は宗教から来る結果にすぎない。〔…〕宗教は人間の目的そのものであって、決して他の手段とすべきではない」と言っていて[*8]、こういった人間・宗教観からすれば、合格祈願や必勝祈願といった「必要な時に絶対者

＊8　西田幾多郎『善の研究』岩波文庫、一九九五年（初版は七九年）、二一〇頁。

を頼る」行為などはまったく宗教的ではないといえることになる。

4 辞書の定義を批判的に検討する③――「神聖」

次は③『岩波国語辞典』の定義である。

神または何らかのすぐれて尊く神聖なものに関する信仰。また、その教えやそれに基づく行い。

この定義は①と同じで「信仰」にも重点があるだろうが、もう一つ重要なのは「神聖」という概念である。これは「神」以外のものも指示する概念なので、①よりも広い範囲をカバーすることになりそうである。この路線をさらに一歩先へ進めたものが④『デジタル大辞泉』であると考えることができる。

神・仏などの超越的存在や、聖なるものにかかわる人間の営み。

この定義には「信仰」という言葉が入っておらず、代わりに「営み」という言葉が用いられており、それだけ柔軟さがあるだろう。また、③と同じで「聖なるもの＝神聖なもの」という概念を重視しているように見える。

さきほど言及した「お墓参り」や「三回忌」などにおいては、それに参加する人は普段とは違う特別な時間・空間で行われるという実感を持つはずである。お墓を前にしてバカ騒ぎは決してしないだろうし、お仏壇に線香をあげるときにはピリっとした雰囲気を感じるし、大きな法要ともなれば独特の「めんどくさい」作法・動作などがいろいろあって、明らかに日常的ではない。

だから、言われてみるとたしかに「日常」（＝俗なるもの）とは違う「特別」（＝聖なるもの）という「聖と俗」の区別がこれらにはありそうである。「信仰」や「絶対者」といった概念では扱えなさそうな事象について、④の定義はうまく説明しているように見える。

というわけで、この定義は日本人の感覚になんとなく合うような気がする。そこで、本章ではこの定義についてもっと詳しく見てみることにしよう。

5　聖と俗の区別

「聖と俗」の区別を軸にして宗教を理解する立場にもいろいろあるが、エミール・デュルケーム（一八五八～一九一七）の定義が有名である。

> 宗教とは聖物、換言すれば分離され禁忌された事物と関連する信念と行事との連帯的な体系である。
>
> ……『宗教生活の原初形態』（一九一二年）＊9

＊9　デュルケム（古野清人訳）『宗教生活の原初形態』上巻、岩波文庫、一九四一年、八五頁。

デュルケームは「聖物（聖なるもの）」を「分離され禁忌された事物」と言い換えている。ここからよくわかるように、「聖なるもの」は特別なものであるから、「分離され」「禁忌」される必要がある。つまり、「聖なるもの」は「～してはいけない」という様々な「タブー」に取り囲まれているといえる。「聖なるものでないもの」、つまり「俗なるもの」によって「聖なるもの」が穢されないように、慎重に「分離」されなければならないのである。

たとえば、山や樹木や岩などが神聖視されている場合があるだろう。入山が厳しく管理・禁止されている神体山（山そのものが神である山）や、伐採してはいけない神木、神が宿る岩である磐座《いわくら》などがそうである。

それらは「聖域」を構成し、その他の場所とは厳密に区別される。「聖域」の中では、たとえば、虫を殺したり、魚や鳥をとったりすることが禁止されるが、そういった禁止の存在が、「聖域」をその他の領域から区別する構図を表現しているといえるだろう。

身近な例を挙げよう。神社というのは「俗なるもの」から分離されており、多くの場合は森と建物とがセットになって「聖域」を構成している。そこに入るためには、口をすすぎ手を洗うという清めの儀式を必要とする。

また神社の境内は森に囲まれており、たとえば住宅地や商業地から隔離されている場合が多い。つまり、住宅地や商業地という「俗なる領域」と「聖なる領域」とが森によって区別されているのである。こういう森のことをとくに「杜《もり》」と書く場合がある。

熱田神宮の手水舎《てみずしゃ》
出典：熱田神宮ＨＰ

熱田神宮の鳥瞰写真
出典：google map

下に載せた熱田神宮の航空写真を見てほしい。杜が「聖俗の分離」に果たす役割が視覚的にはっきりつかめるだろう。ほかの神社でも多くの場合は杜と社殿がセットになっている場合が多い。グーグルマップの航空写真で自分の街を調べてみてほしい。森のある場所にはかなりの確率で神社があるはずである。

6　ネムの実家の裏の神社

私の実家がある大阪の農村は平安時代から存在しているらしく、平安時代に作られた延喜式神名帳《えんぎしきじんみょうちょう》という冊子に載っている神社が集落の北にある。この神社もやはり杜によって周囲の俗なる領域とは明らかに分離されている。

私が撮影した三枚の写真を見ていただきたい。まず写真①では、坂道が奥へと延びて森の中へと入っていく様子が見て取れるだろう。写真②は、森にさしかかったところである。坂道の両脇には木々が茂っていて、ここを歩くといよいよ「俗」なる場所から「分離」されていく感覚を味わえる。そして写真③では、坂道の終わりに神社が見えている。木々のトンネルという「分離」の過程を経て、神社に辿り着くことになる。

なお、この神社に行くためには坂道をのぼる必要があるわけであるが、それは要するにこの神社が小高い山の上に位置していることを意味している。神社が山の上にあることにも理由があるのであるが、そのことについては第七章で主題的に扱うことになるだろう。

写真①（著者撮影）

写真②（著者撮影）

写真③（著者撮影）

以上のような仕方で神社へ向かう道中を分析してみると、「聖俗の分離」についてよく理解していただけたのではないだろうか。読者の方も、自分の家の近くの神社がどのようになっているか気になるだろう。ぜひこういう問題意識を持って行ってみてほしい。

聖俗の分離に注目するデュルケームの定義は、神社のほかにもキリスト教の教会やイスラム教のモスク、インドの諸宗教の寺院にもあてはまるだろう。それらには森はないが、建物自体がまとっている「聖域感」のようなものが溢れているような気がする。

7　聖なる時間

さて、ここまで「聖俗の分離」についてとくに空間的な観点から論じてみたが、時間の中にも聖俗の分離は存在している。祭り、正月、冠婚葬祭、お盆、礼拝の時間、沐浴などなど、これらが行われる時間は「普段とは違う時間」であるということは、読者も各自の実感として持っているのではないだろうか。

写真④は、第一章で書いたガンジス河の沐浴の光景である。もっとも、これは私自身が撮影したので被写体は私ではない。この放浪を行なった当時はデジタルカメラはまだ存在していなかったので、私はインスタントカメラを買って持っていったのであるが、けっこういい雰囲気に撮れたお気に入りの一枚である。写真⑤もガンジス河の河原である。一見してすぐにお気づきになるだろう

ケルン大聖堂（外観）

アヤソフィア（内観）
出典：https://www.sekai-totsugeki-jouhou.com/2013/06/20/ayasofya/

イスタンブールのアヤソフィア（外観）
出典：https://natgeo.nikkeibp.co.jp/atcl/news/20/071400420/

が、ネムが若い！……というのはどうでもよくて、注目してほしいのは、河原に洗濯物が干されている点である。つまり、写真④はガンジス河に「聖」の時間が流れている光景であり、写真⑤はガンジス河に「俗」の時間が流れている光景であると見ることができる。

ほかにも、「この世」と「あの世」を聖俗の観点で把握することも可能だろう。世界の終末を語る宗教（ゾロアスター、ユダヤ、キリスト、イスラムなど）ではその死生観に「天国」がしっかりと組み込まれており、現世での人生は天国に行くための「準備段階」にすぎないとして価値が置かれていないと理解することも可能であるから、この場合は「この世＝俗」「あの世＝聖」であると整理できる。

浄土宗や浄土真宗などの仏教宗派でも浄土に生まれることを目指す実践を基本とするが、こういった態度は要するに「この世」ではなく「あの世＝浄土」

ケルン大聖堂（内観）
ケルン大聖堂の出典：https://www.anniversary-t.com/destination/germany/uidetail/kern.html

写真④　ガンジス河の早朝
（著者撮影：1999年）

写真⑤　ガンジス河の昼
（著者撮影：1999年）

に価値を置くものとして整理することができるだろう。まさにその思想を端的に表現した「厭離穢土《おんりえど》 欣求浄土《ごんぐじょうど》」という伝統的な標語もあるぐらいである。これらの宗派における死生観も、「聖と俗の区別」という観点から理解することができるだろう。

8　個人的な宗教は宗教といえるか？

以上のようにデュルケームの定義を念頭に置きながら「聖と俗」の区別についていろいろ検討してみたところ、いずれの分析もなかなかうまくいっているように思われる。それだけこの「聖と俗」の概念は有効だといえるだろう。

ところで、彼の定義には続きがあり、ここまではそこをカットしていたので、フルバージョンで引用しよう。また一つ問題が浮上するだろう。

> よってわれわれは次の定義に達する。即ち、宗教とは聖物、換言すれば分離され禁忌された事物と関連する信念と行事との連帯的な体系である。教会（Église）と呼ばれる同じ道徳的共同社会に、これに帰依するすべての者を結合せしめる信念と行事の連帯的な体系である。
>
> ……『宗教生活の原初形態』[*10]

定義の後半の「教会と呼ばれる同じ道徳的共同社会に、これに帰依するすべ

＊10　デュルケム（古野清人訳）『宗教生活の原初形態』上巻、岩波文庫、一九七五年、八六〜八七頁。

ての者を結合せしめる信念と行事の連帯的な体系である」の中の「教会＝道徳的共同社会」という部分については補足が必要だろう。われわれが行う墓参りや祭りの背後にはたしかになんらかの宗教（宗派）の存在がある。私の実家がある自治体の秋祭りでは、必ず先程の神社（神道《しんとう》）で儀式を行ってから神輿《みこし》を出発させるし、お墓はお寺（仏教）とセットになっている。しかし、家のお墓のあるお寺が何宗であるかを知ってる人は少ないのではないだろうか。さらには、地元の神社の祭神を知っている人はほぼいないと思う。つまり、なんらかの「教会」に所属しているという意識を持っている人はほぼいないのが日本の特徴であるだろう。

地元の神社で催される祭りの運営に家の誰かが駆り出されているなら、間違いなくあなたの家はその神社の「氏子《うじこ》」としてカウントされているし、お坊さんが親の命日やお盆にお参りに来るなら、あなたの家はそのお坊さんの所属するお寺の「檀家《だんか》」としてカウントされている。しかし、おそらくたいていの場合、神社やお寺への帰属意識はほぼゼロだと思われる。

少し脱線するが、文化庁が発行している『宗教年鑑』の二〇〇九年版がいま手元にあるのでそれを見てみると、*11 神道系の信者は「一億八五二万人」、仏教系の信者は「八七五〇万人」として記載されている。日本の人口は一億二七〇〇万ぐらいであるから、合計で二億人に迫るこの統計は完全におかしな気がするが、そのからくりはいま書いたとおりであって、一人の人間が「氏子（神道）」かつ「檀家（仏教）」としてカウントされているからである。こう

＊11　文化庁編『宗教年鑑　平成二十一年版』ぎょうせい、二〇一一年。

いう奇妙なことが起こるのは、自分がなんらかの宗教に関係しているとはまるで思っていないゆえだろう。たとえば、自覚的な信仰を持っているムスリムが、ムスリムであると同時にクリスチャンでもあるとして自分を認識しているというケースを私は聞いたことがない。

このように考えると、「教会＝道徳的共同社会」への帰属意識がほとんどない日本の場合では、デュルケームの定義はあてはまらないようにも思う。かといって、宗教が個人単位のものであると考えることもできないようにも思う。本章の第一節で紹介した『宗教の定義をめぐる諸問題』では、次のような定義も紹介されている。

広義における宗教とは、一定種類の超自然に対する集団的信仰である。集団的でない個人的信仰は、意見であって宗教ではない。

日本人に典型的にみられる宗教現象は、「教会＝道徳的共同社会」をベースにするものではないが、かといって個人単位のものでもない。やはりなんらかの複数性に基づいているように思う。このあたりのかなり微妙な点をうまく宗教の定義にのせることはなかなか難しそうである。

9　定義の考察は次章へつづく

最後に、『宗教の定義をめぐる諸問題』の中から「聖なるもの」を重視するほかの定義もいくつか拾っておこう。

宗教はこの世のものとは全然別な聖なるものに関すること、それは非合理的な、驚嘆し戦りつさえするほどの秘義である。

宗教とは、より高い実在の力によって、神聖な交わりに加わえられることである。

宗教の本質は、「聖」であり、宗教の第一の機能は、人生の肯定と純化ということである。

宗教とは神聖感、神秘感、威厳感等、特定の心的態度によつて特徴づけられたる生活態度に基く生活なり。

また、『宗教の定義をめぐる諸問題』以降のものとして、次のものも挙げておこう。

宗教は、それによって神聖なコスモスが確立する人間の事業である。別の言い方をすれば、宗教は神聖な様式におけるコスモス化である。

……ピーター・L・バーガー『聖なる天蓋』（一九六六年）*12

少し表現は難しいが、いずれの定義においても「聖なるもの」が宗教にとって本質的な意味を持っていると考えられていることは少なくとも理解できるだろう。

「聖と俗」という本章の中心的な議論の手掛かりになった『デジタル大辞泉』をふたたび見てみよう。

神・仏などの超越的存在や、聖なるものにかかわる人間の営み。

本章はこの後半部の「聖なるものにかかわる人間の営み」に着目して議論を進めてきた。前半部の「神・仏などの超越的存在」についてはほとんど触れなかったが、もちろんこの点も主題的に考察する必要があるだろう。

そこで、次にこの「超越的存在」を軸とする定義を中心に検討することにしよう。「宗教といえば神」という連想が一般的でもあるだろうし、これを主題として扱っておきたい。

*12　ピーター・L・バーガー（薗田稔訳）『聖なる天蓋──神聖世界の社会学』ちくま学芸文庫、二〇一八年、五一頁。

第3章 宗教とは何か②—超越的な存在者

1 超越的な存在者
2 バチがあたる
3 続・宗教の定義
4 批判的検討①—仏教を反例として
5 批判的検討②—アニマティズムを反例として
6 パワースポットについて
7 宗教大国日本

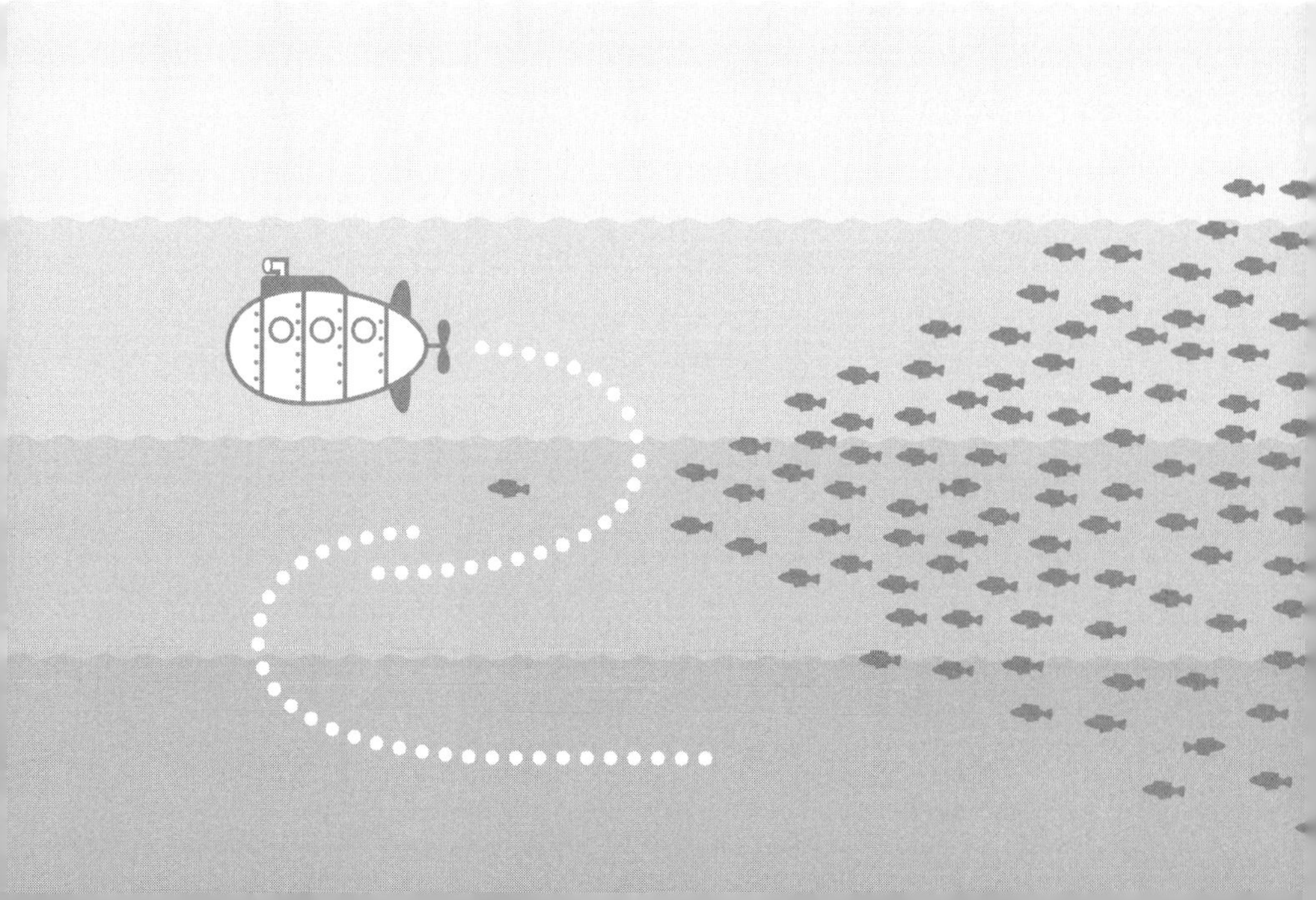

ネム船長の羅針盤

「今日はツイている」「バチがあたった」などという表現は日常的に好んで用いられる。パワースポットや占いが好きな人もたくさんいるだろう。見方によっては、これらはすべて宗教に関係している。

「全く非宗教的な人間は、最も強度に非聖化された近代社会においてすら稀な現象である」

……ミルチャ・エリアーデ

1　超越的な存在者

前章では辞書の「宗教とは神・仏などの超越的存在や、聖なるものにかかわる人間の営みである」という定義を手掛かりにして、「聖と俗」という概念に着目し、さらにデュルケームの定義を参考にしながらあれこれ考察した。本章のテーマは「超越的存在者」である。「超越的存在者」を軸にした宗教の定義について考察することにしよう。

「超越的存在者」という概念によって意味しているものの内実は、だいたい以下のようなものだろう。たいていの場合、或いは多くの人にとって、それは見ることのできないもので、人間よりもはるかに大きな力を持っており、その力によって人間になんらかの働きかけを行うような存在。それは「唯一神」の場合もあるし、複数の「神々」の場合もあるし、「仏」や「菩薩」の場合もあるし、「霊魂」「精霊」「天」の場合もあるだろう。宗教とは、こういった存在に依存したり懇願したり配慮したりする営みを通じて、その存在との何らかの関係の中に自分を置くことである、というのが例の辞書の定義であるといえる。

日本人の場合だと、神社に行ってお賽銭を入れて鈴を鳴らし、何らかの願い事をするときに想定されているのがここでいう超越者である。神社の祭神についての知識がない人でも、自分がいま「なんらかのすごい力を持った存在――おそらくは神――にお願いしている」という自覚は少なくとも持つのではないだろうか。或いは、何にお願いしているのかわからないけどとりあえずお願いするという人もいるだろうが、祈るという行為自体が、「自分の力ではどうにもならないことをどうにかしてくれるほどの力を持ったなんらかのすごいもの・働き」を前提しているわけで、自分が頼りにしているものが非力であったら願いがかなうはずがないから、そもそも祈りという行為は成立しない。

本章のテーマからいきなり脱線するが、宗教を定義する文脈で祈りを本質的に重要なものとして提示しているオーギュスト・サバティエ（一八三九～一九〇一）の言葉を紹介しておきたい。

宗教とは苦しめる心が、自己と自己の運命との一に之に拠れりとなす深秘的勢力に対して交通即ち意識的にしてしかも意欲的なる関係に入ることなり。この神との交通は吾人が祈祷によりて実現せらる。祈祷は宗教の行為に現はれしものにして、即ち真の宗教なり。宗教的現象をそれと相類似し相近きくさぐさの現象、例えば道徳的感情や審美的感情などより区別するものは祈祷なり。〔…〕わがいふ所祈祷とは、空しき言葉を言ふ事にもあらず、神聖なる文句の数数を繰り返すことにもあらで、全精神が自己をして深秘不可思議なる力と、個人的関係及び接触に来らしむる活《はた》らきなり。〔…〕この内的祈祷なき所に宗教あるなし。

……『宗教哲学概論』（一八九七年）*13

訳文が古いので読みにくいが、「祈祷＝祈り」のないところに宗教はないと言っていることはわかるだろう。ここで言っている「祈り」というのは、神聖な文句を反復するタイプのものではなく、神との個人的関係に入るための内面的な「祈り」である。そして、宗教に似ている道徳的・美的な感情と宗教を決定的に区別するのはこの「祈り」であると言われると、たしかにそうかもしれないという気がする。祈りについては第十章で検討する機会があるので、いまはこのような定義もあるという確認だけにとどめておくことにし、先に進もう。

＊13　ルイ・オウギュスト・サバティエ（波多野精一　村岡典嗣訳）『宗教哲学概論』内田老鶴圃、一九〇七年、四一～四二頁。

2　バチがあたる

さて、超越的存在者についてさらに別の文脈からも考察してみよう。「そんなことしたらバチがあたる」とか「今日はツイている」などという表現をわれわれ日本人は日常的に使っている。これらの表現は明らかに超越的存在者を前提としている。「バチ」や「ツキ」という概念は、超越者の働きによって偶然性を必然性に読み替えるものであるからである。

たとえば、人をだまして金儲けをしても少しも悪いと思っていない詐欺師が、酔っ払って川に転落して死んだら、「悪いことばかりしてるからバチがあたった」と言われたりする場合があると思う。「悪行」が「逮捕」を帰結するならわかるが、「転落溺死」を帰結するという推論には明らかに飛躍がある。

この詐欺師の「転落溺死」は、「悪行」との関係においてはわれわれの目には明らかに偶然的である。しかし、超越的存在者は彼の「悪行」を決して見逃さないという共通の文化的理解があるから、「バチがあたった」というこの表現でもって偶然性が必然性に転換されるのである。「かみさまはちゃんと見てはるんや」という感慨を持ったことがある人は割と多いのではないかと思う。

もう一例だけあげておきたい。鳥居は聖域と俗世界との間に張り巡らされた結界を超えるための「聖なる門」である。「聖なる場所」を汚すことは、くさむらに立ち小便をするのとはわけが違う。写真⑥を見ていただきたい。この原理を応用すれば、鳥居は不法投棄対策になるというわけである。もうずいぶん前になるが、テレビで効果てきめんだと紹介されていたのをよく覚えている。いくら「不法投棄は犯罪です！」や「罰金〇〇万円！」と書いても効果がなかったのに、鳥居を設置したらたちどころにゴミがなくなったらしい。

　以上のように、とくに神仏を信仰しているという意識を持たない多くの日本人にとっても、無自覚的な仕方で超越的存在者を前提にした日常生活を送っているといえるような気がする。だから、まして神仏への意識的な信仰を持つ人にとっては、超越的存在者の「存在感」はもっと大きなものになるだろう。とくにイスラム・キリスト・ユダヤといった一神教の場合、世界のすべてが「唯一神の摂理」に基づくという世界観を基本とするので、たとえば次のような文言が聖典に記されることになる。

　あなたがたの髪の毛までも一本残らず数えられている。

……『マタイによる福音書』*14

「神はすべてをお見通し」という感覚は人間の倫理・道徳に直結していると考えられそうである。この論点については無神論を扱う第五章で再び取り上げたい。

写真⑥　山中の鳥居　出典：http://lakatan.net/archives/45819050.html

*14　『聖書』からの引用は日本聖書協会の『新共同訳聖書』に依る。

3　続・宗教の定義

では、ほかにも超越的存在者を軸にした定義をいくつか紹介しよう。

宗教の最小限の定義は、諸々の霊的存在への信念であると、端的に述べておくのがいいだろう。*15

……エドワード・タイラー（イギリス一八三二～一九一七）『原始文化』（一八七一年）

宗教とは、自然と人間生活の進む道を指示し規制すると信じられている人知を越えた力を宥和し慰撫することである。*16

……ジェームズ・フレーザー（イギリス一八九〇～一九三六）『金枝篇』（一八九〇年）

宗教とは神や仏と人間を結び付けるものであり、神や仏の教えを人間の義務として実行することであり、その教えによる義務によって人間相互が結びつくということになる。*17

……仁戸田六三郎（一九〇七～一九八〇）『宗教学概論』（一九六一年）

*15　エドワード・B・タイラー（奥山倫明他訳）『原始文化』上巻、二〇一九年、五一八頁。

*16　J・G・フレイザー（神成利男訳）『金枝篇――呪術と宗教の研究』第一巻、国書刊行会、二〇一八年（初版は〇四年）、一六〇頁。

*17　仁戸田六三郎『宗教学概論』稲門堂、一九六一年、八頁。

これらの各定義を詳細に検討することはしないが、すべてなんらかの超越的存在者をその基礎に据えていることは理解できるだろう。そして、それぞれにかなりの有効性を持っていると思う。しかし、やはりこれらの定義では汲みつくせない宗教がある。そういった宗教を具体的に紹介することにしよう。

4　批判的検討①──仏教を反例として

まず、前章でも触れたことであるが、仏教は本来、超越的存在者を頼りにはせず、自分で修行することによって悟りを得ようとする点に大きな特徴がある。だから、上で紹介した定義はどれも少なくとも原始仏教にはあてはまらないということになる。この点をより深く理解するために、仏教について少し詳しく見てみることにしよう。

仏教がどのようにして成立したのかという歴史的事情や、開祖ゴータマについては本書では扱う余裕がないので、ここでは、仏教の中心的な教えとして知られる三点にだけ触れることにする。いずれも神や神聖性といった概念がまったく見られないことによく注意してほしい。

三つの教えの一つ目は「縁起」である。これは「pratītyasamutpāda プラティートゥヤサムートパーダ」というサンスクリット語を中国の仏僧玄奘（三蔵法師）が漢訳したものである。「縁起」とは、「あるものに出会って（あるものが助けとなって）、あるものが起こる」という意味である。仏典の言葉を見ておこう。

このように私は聞いた。あるとき、悟りを開かれたばかりの世尊《せそん》はウルヴェーラ村のネーランジャラー河畔の菩提樹の根方《ねかた》におられた。さてそのとき、世尊は七日間同じ姿勢で坐ったまま解脱の楽しみに浸っておられた。その七日間が過ぎて、世尊はこの三昧から出られ、夜明け近くに、次のようにまず順序を追って、次に逆の仕方で、正しく縁起に心を注がれた。

これがあるときこれがある。これが生ずるときこれが生ずる。

これがないときこれがない。これが滅するときこれが滅する。

……『ウダーナ』第一章*18

*18 『ブッダの詩Ⅱ 原始仏典 八』（櫻部建他訳）講談社、一九八五年、五〜六頁。

「縁起」という概念そのものについては各種の仏教関係の本を読んでいただくことにして、いまは「縁起」が存在の論理を語るものであって、神に関わる概念ではないということだけ理解すれば十分だろう。

二つ目は、四諦《したい》（四聖諦《ししょうたい》）である。「諦：satya サティヤ（梵）」とは真理という意味であるから、「四諦」とは「四つの真理」という意味である。以下にそれら四つを列挙する。

苦諦《くたい》：生きることは苦であるという真理
集諦《じったい》：集（＝苦の原因）は世の無常と人間の執着にあるという真理
滅諦《めったい》：執着を断つことで苦滅（涅槃）の世界がひらけるという真理
道諦《どうたい》：滅諦にいたるためには八正道《はっしょうどう》に従うべきであるという真理

生きることには苦しみが伴うが、なぜ苦しむのかというと、世の中は移り変わるものであるのに、そのことに気付かずに執着する心を持つがゆえである。だから執着心を捨て去ることができれば、苦しみからも解放される。そのためには「八正道」に従うべしというわけである。四つの真理の中に神という概念がまったく含まれていないことはすぐにお気づきになるだろう。

三つ目は「八正道」である。以下のような八つの実践徳目をいう。[＊19]

正見《しょうけん》（正しい理解）　人生をあるがままに見て、四諦に要約されている生存の道理を理解すること。

正思《しょうし》（正しい思考）　悟りへの道を妨げるさまざまな感情、すなわち肉欲、敵意、残酷さなどをなくすこと。

正語《しょうご》（正しい言葉）　うそ、陰口、噂話などを慎み、大声で話したり、興奮して話したり、独断的に話さないようにすること。

正業《しょうごう》（正しい行為）　殺生、盗み、性行為、酒や麻薬の使用をせず、正直、誠実であること。

正命《しょうみょう》（正しい生活）　武器、肉、毒、酒などを商うことはせず、兵士や漁師といった職業や、高利貸しや売春などをしないこと。

正精進《しょうしょうじん》（正しい努力）　気高い性質を養い、下品な性質を矯正すること。

正念《しょうねん》（正しい注意）　重要なものを認識し、まどわされないよう、物事を見極める心を極めること。

＊19　「八正道」についてはH・サダーティッサ（桂紹隆・桂宥子訳）『ブッダの生涯』立風書房、一九八四年（原著は一九七六年）、五二～五六頁を参照した。

正定《しょうじょう》（正しい精神集中）　瞑想を実践し、安定した穏やかな呼吸を保って、心が平穏に集中するように努めること。

とくに解説するまでもなく、八正道にも神の概念が関わっていないことがわかるだろう。仏教は成立してしばらくすると分化して多様な宗派が林立することになったが、恐らくどの宗派でも以上の三点を重視する点では共通している。この三点が仏教の基本だからである。

とはいえ、八正道にまい進したとしても、必ずしも悟りを得られるとは限らない。悟りとはそんな簡単なものではないからである。仏教は輪廻転生の死生観を持ち、死んだら生まれ変わって次の一生が始まるとされる（死生観については第八・九章のテーマである）。この輪廻から抜け出すことが解脱（悟り）であるわけだが、解脱のためには一生分だけの修行量ではまったく足りていないので、何度も生まれ変わって徳を積まなければならない、という考え方が仏教（やヒンドゥー教など）では当時もいまも広く共有されている。

しかし、八正道を守ろうとすればするほど、修行をすればするほど、ゴータマのようには自力で悟りの境地に辿り着けない、とつくづく思い知ることもあるだろう。ここに「他力」の契機がある。たとえば、浄土真宗では「阿弥陀仏という超越的存在者の力（＝他力）に自分のすべてを委ねることが大事だ」と説き、「善行」によって徳を積むことが大事だという考え方はとらない。「善行」という考え方は「自力」を前提にしているが、「自力」の割合が大きければ大きいほど、それだけ「他力」に委ねる割合が少なくなるからである。さらに言うと、自分で「善行」ができるなんて思ってるうちはぜんぜんダメで、じつはその「善行」でさえも阿弥陀仏の力によってはじめて可能なのである、と説く。こうなってくると、原始仏教とはまるで違っていて、「超越的存在者との関わり」を軸にする宗教の定義にぴたっとあてはまることになる。

5　批判的検討②―アニマティズムを反例として[20]

仏教以外にも、超越的存在者を想定しない宗教がある。たとえば、アニマティズム（プレアニミズム）と呼ばれる思考形態を背景に持つ宗教がそういうタイプである。プレアニミズムはアニミズムの「前段階（プレ）」という意味が込められた概念なので、まずアニミズムについて簡単に見ておくことにしよう。

アニミズムという概念は本章第三節の定義のところで紹介したタイラーが提示したものである。アニミズムとは、ラテン語で「魂」を意味する「anima」という言葉からタイラーが造った概念で、星々や山や川や樹木や動物など、あらゆる自然界の事物に「魂」が宿っていると考える思考形態のことをいう。タイラーは、かつて精霊崇拝のような形態の「原始的な宗教」が信仰されており、その信仰のベースになっているのがアニミズムだと考えたのである。タイラーによる宗教の定義「霊的存在への信仰（the belief in spiritual beings）」はこの文脈で提示されたものである。

＊20　この節については、根無一信「なぜパワースポットパワーを得られるのか？」『世界最先端の研究が教える すごい哲学』総合法令出版、二〇二二年を下敷きにしている。タイラーのアニミズムとマレットのアニマティズムについては本書を含むいろいろな入門書で取り上げられているが、興味を持たれた読者はぜひエドワード・B・タイラー（奥山倫明他訳）『原始文化』上下巻、国書刊行会、二〇一九年（原著は一八七一年）と、マレット（竹中信常訳）『宗教と呪術』誠信書房、一九六四年（原著は一九〇九年）を参照してほしい。

このアニミズム的宗教よりもさらに「原始的」な形態の宗教があると考えたのが、タイラーの弟子のマレット（一八六六〜一九四三）である。昔の人は雷雨や日食など特異な自然現象などに遭遇すると、その自然現象そのものに不思議な力があると考えたはずで、現象の背後に精霊のような「霊的存在」を想定するアニミズムに先立って、そういう形態の思考があったはずだとマレットは考える。つまり、「霊的存在」よりも「不思議な力」の方がより根本的だというわけである。マレットはこのタイプの思考形態をアニマティズムと名付け、「不思議な力」を恐れる心に宗教の「原始的」な姿を見ようとした。

つまり、精霊や死霊などのいわば「人格的存在」がアニミズムの概念にとって重要であるのに対して、アニマティズムの概念の中心は、自然現象が持つとされる「非人格的な力」にあるといえるだろう。

6　パワースポットについて

アニミズムやプレアニミズムという概念は遠い昔の遠い国の話ではない。テレビを見ていると「パワースポット」という概念を好む日本人が非常に多い印象を受けるが、「パワースポット」の「パワー」とは、まさしくアニマティズム的な「非人格的で不思議な力」であるから、「パワースポット」という概念はアニマティズムとかなり相性がよいように思う。そう考えると、ほかならぬこの日本にこそアニマティズムの典型を見ることができるともいい得るだろう。

この「パワースポット」という概念がテレビでしょっちゅう取り上げられるようになったのはここ十～十五年ぐらいのように思うが、[*21] 既存のものだけでなく、いまも日本中のいたるところに「パワースポット」が発生し続けているようである。

たとえば、愛知県の清須市には織田信長の銅像があるが、妻の濃姫の銅像も最近になって別の場所から信長像の隣に移設されたことを受け、清須市のＨＰはその「信長公・濃姫銅像」を「夫婦円満、恋愛、立身出世、必勝祈願のパワースポットとなっています」と紹介している。銅像は「一定の形をした銅の塊」にすぎないわけであるが、この夫婦像を「夫婦円満のパワースポット」としている清須市は、銅像を単なる物質とは考えず、何か特殊な働きを持つものであると認識しているといってよいだろう。

ほかにも、物質的観点だけから見れば水と岩に過ぎない滝を「パワースポット」として売り出している自治体が多い印象を受ける。清須市と同じく愛知県の新城市のＨＰは「百間《ひゃっけん》滝」を「パワースポット」として紹介している。やはり水と岩から「不思議な力」が放出されていると考えているのだろう。

このように、現在さまざまな場所が「パワースポット」として打ち出されているが、私の見るところでは、それらの「パワースポット」はその来歴からいって二つに区別される。これまで宗教とは無関係に扱われてきた場所と、もとから宗教に関係している場所である。前者としては清須の銅像や百間滝のような場所を、後者としては伊勢神宮や出雲大社などを思い浮かべていただければよ

＊21　或るテレビ番組で明治神宮の「清正井（きよまさのいど）」が取り上げられ、その写真を携帯電話の待ち受け画面として設定すると幸運を引き寄せることができると紹介されたことが、昨今の一大ブームのきっかけである。実際にそのテレビ番組の司会者である芸人の今田耕司氏は、「清正井」を待ち受け画面にしてすぐ大きな仕事がいくつも舞い込んできたことを報告している（ＤＶＤ「やりすぎコージー――やりすぎ開運伝説 パワースポットＳＰ＆坂本龍馬 都市伝説」テレビ東京／吉本興業、二〇一〇年）。

信長・濃姫銅像　出典：清須市ＨＰ

いだろう。

前者に関しては、たとえば「滝」がすべてそうであるわけではなく、熊野那智大社の「那智の滝」はまぎれもなく後者のタイプであるが、「パワースポット」という概念が広く通用するようになってから、これまで宗教とは無関係であった各地の「滝」が「パワースポット」としての地位を確立していったように思う。後者に関しては、日本の伝統的な言い方で表現すれば「聖地霊場」として、[*22]古くから人々の信仰を集めていたような場所である。

前者のタイプの「パワースポット」が増え続けているのはたしかであるにしても、おそらく現在「パワースポット」として知られている場所の多くは実際のところ後者のタイプである。このことは、インターネットで検索してみればすぐにおわかりになると思う。だから、「パワースポット」という表現は、「後者の焼き直し＋前者」ということになるが、いずれにしても前者と後者を区別せずに指示する言葉であるところに新しさがあるといえるだろう。

思うに、「パワースポット」という表現自体には宗教くささがないので、「宗教嫌い」の人にも使いやすくまた受け入れられやすい便利な言葉なのだろう。興味深いのは、ひとたび「パワースポット」というラベルを張ってしまえば、その場所から宗教くささも消えてしまうように感じられることである。伊勢神宮も出雲大社も言うなれば日本の宗教の「本場」であるのに、「日本最高のパワースポット」などと喧伝されると、自分が「宗教嫌い」であることを忘れたかのようにこぞってそこを目指す昨今のこの現象については言いたいことが山ほど

百間滝　出典：じゃらんHP

＊22　正木晃『図説 密教の世界』河出書房新社、二〇一二年、八〜九頁参照。

あるがまあよい。本書の読者はその点でラッキーである。こういう矛盾をおかさずに済むからである。

7　宗教大国日本

本章の冒頭で話したように、日本人は「バチ」や「ツキ」などに彩られた日常を送っているし、おみくじを好み、お守りをたくさん揃え、友引や仏滅などの暦注に基づいて日取りを決める人が非常に多いので、超越的存在者にかなり左右されているように私には見える。この点で日本人はかなりアニミズム的であるように思う。

他方で、上で述べたように「パワースポット」を好む日本人は明らかにプレアニミズム的でもある。「パワースポット巡り」はすでに観光産業の重要な目玉商品であるし、「パワースポット」と重なる部分が多い「聖地」という概念もさまざまな場所に対して広く用いられており、[*23] 全体として、日本はすみずみまで宗教がいきわたっている宗教大国であるというふうに見ることもできそうである。宗教学者エリアーデは「全く非宗教的な人間は、最も強度に非聖化された近代社会においてすら稀な現象である。大抵の〈宗教を失った〉人間は、たとい意識しなくとも、依然として宗教的に振舞う」と述べており、[*24] まさに日本のこの状況はエリアーデの指摘にぴったり当てはまるように思われる。

さて、本題に戻ろう。超越的存在者をそもそも想定しない宗教が実際にある

＊23　「アニメの聖地」や「アイドルの聖地」のようなタイプの「聖地」の扱いは難しい。完全に宗教とは関係なさそうに思われるが、宗教の定義次第では「アニメおたく」や「推し活」自体を宗教的だと考えることもできるかもしれないので、そうなってくるとこのタイプの「聖地」も宗教的な「聖地」といえるかもしれない。いずれ本格的に考察してみたいと思っている。

＊24　エリアーデ（風間敏夫訳）『聖と俗』法政大学出版局、一九六九年（原著は一九六七年）、一九五頁。

（あった）という事実を無視して、宗教を規定しようとするのは乱暴ではないだろうか。超越的存在者と人間との関係を宗教の軸に据える立場からすれば、原始仏教やプレアニミズムはそもそも宗教ではない、ということになるが、はたしてそれでよいのだろうか。宗教を定義する作業は非常に難しいことがよく理解できたと思う。

われわれはここまで「聖と俗」「超越的存在者」をテーマにして宗教の定義について検討したが、すでに述べたように宗教の定義にはほかにも様々なものがある。私はどうも「定義」というものについこだわってしまう傾向があるようで、しようと思えばまだまだいくらでも議論できるのであるが、定義のほかにも扱うべきテーマはたくさんあるので、定義は次章でおしまいにしよう（あともう一章だけお付き合い願いたい！）。宗教を理解するために重要だと思われるほかのいろいろな定義について紹介し、これまでと同じようにあれこれと検討してみることにしたい。

名古屋市東山動植物園のスカイタワー展望台内にある「恋人の聖地」（出典：名古屋市公式観光情報　名古屋コンシェルジュ）

第4章 宗教とは何か③──宗教批判の立場からの定義

1 神が人間を創造するのではなく、人間が神を創造する
2 マルクスの定義
3 フロイトの定義
4 続々・宗教の定義
5 定義に対する態度
6 ネムの嘆き
7 愚かなネムの反省

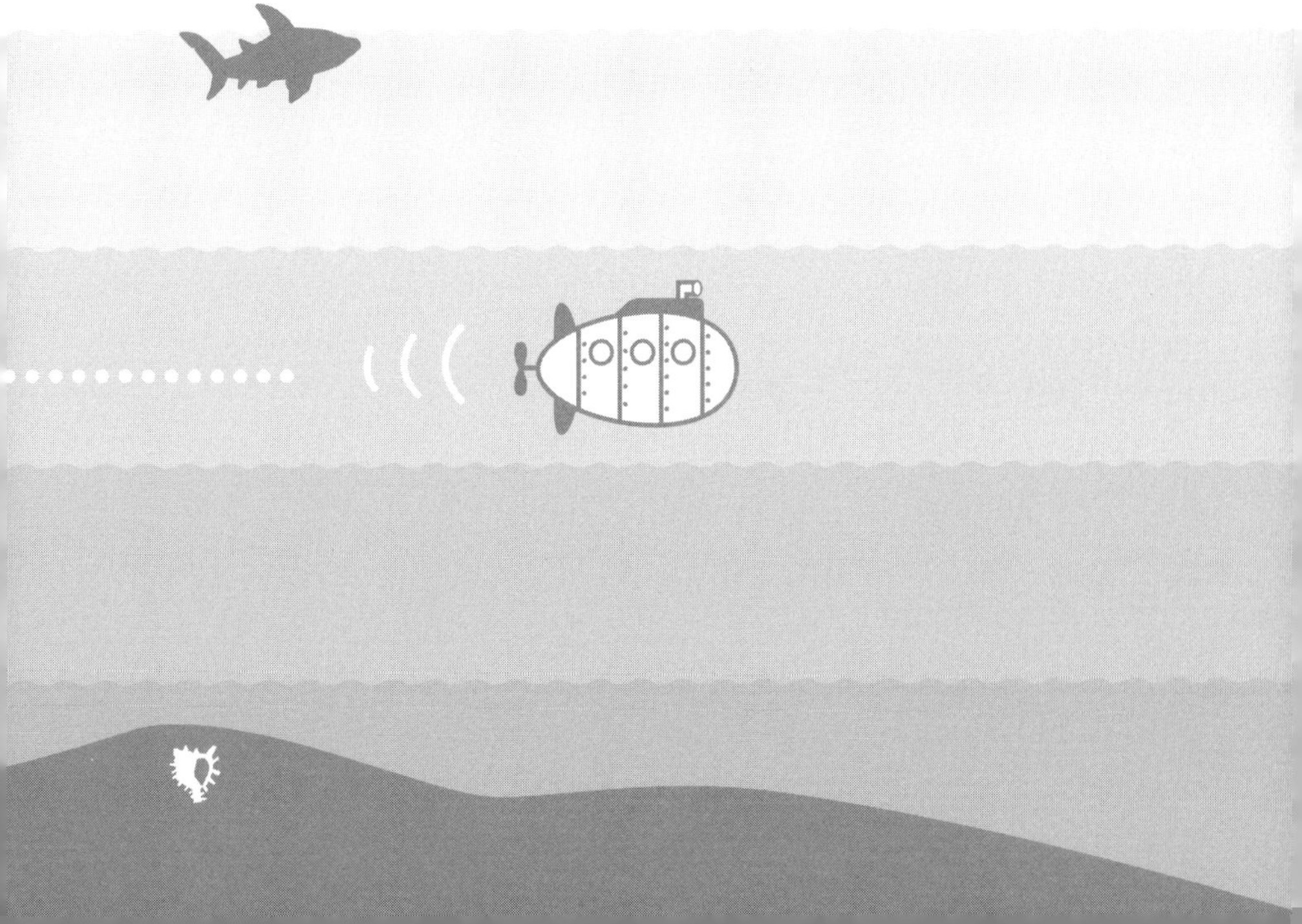

ネム船長の羅針盤

「宗教は人をダメにする」と言う人がいる。しかし、その人は自分が使っている「宗教」という言葉の意味をしっかり考えたことがあるのだろうか。批判する対象のことをよく知らないくせに批判していることはないだろうか。

「常識をバカにする奴に、常識を超えたことは絶対にできない」
……志村けん

1　神が人間を創造するのではなく、人間が神を創造する

宗教の定義は何かという問題の難しさはすでに十分理解していただけていると思う。第二章では「聖と俗」、第三章では「超越的存在者」を軸とするいろいろな定義をもってその問いに答えようとしてきたが、統一的見解に辿り着くどころか、考察すればするほどますます統一的見解から遠のいていくような気がする。

ところで、紹介したどの定義も、人間とは別に存在する「いろいろな事象」

の存在を軸にしている点では共通しているだろう。「聖と俗」にしても「超越的存在者」にしても、それらを軸にする定義は、宗教に関わる人間自身の側にではなく、人間が対象としているものへ分析の目を向けていた。

しかしながら、人間の内側に宗教の本質を見る立場もある。つまり、人間の心が宗教を生み出すのだという観点から、宗教を理解しようとするのである。たとえば、神というものはしょせん人間が生み出した妄想にすぎない、というように考えるのはこのタイプである。神が世界を創り、そしてその世界に住む動物や人間などを創ったというような観念を持つ宗教は非常に多いが、むしろ逆に、神こそ人間によって創造されたのだと考えるわけである。

日本人に関しては、このタイプの宗教理解を意識的に行っている人が圧倒的に多い印象を私は持っている。本書の読者は、そろそろ宗教というものに対する理解がいままでとは変わってきていると思うが、よくある思考回路は「宗教といえば神、神といえば妄想」というものだろう。しかし私から見れば、それはかなり奇妙である。というのも、「パワースポット」に行って「パワー」を受けとることを好む人が、その「パワー」を自分で生み出しているとか、或いは、その「パワー」はしょせん妄想にすぎない、などとはまさか考えていないだろうと思われるからである。

「パワー」はよくて「神」はダメというのは矛盾していると思う。「神」というものへの拒絶反応を示して「神はダメ」と思っている人の大前提は「神」という概念が宗教に関わっている点にあるだろうが、さきほど分析したように「パワー」も見方によっては宗教であるから、「パワー」を求める人は宗教を求めているのであって、前章で書いたように自己矛盾が起こっているように私には見えるのである。

ともかく、定義を見てみることにしよう。

2　マルクスの定義

上で述べたような宗教理解の代表選手として、本章ではカール・マルクス（一八一八〜一八八三）とジークムント・フロイト（一八五六〜一九三九）の定義を紹介しよう。

人間が宗教をつくるのであり、宗教が人間をつくるのではない〔…〕。宗教は、抑圧された生きもののため息であり、非情な世界の心情であるとともに、精神を失った状態の精神である。それは民衆の阿片である。

……マルクス『ヘーゲル法哲学批判序説』（一八四三年）*25

宗教的観念の起源に注目すれば、答はおのずから出てくるのである。みずから教義と名乗っているこれらの観念は、決して、経験の集積や思考の最終結果ではなくて、幻想であり、人類が抱いているもっとも古く、もっとも強く、もっとも差し迫った願望の実現なのである。

*25　カール・マルクス（城塚登訳）『ユダヤ人問題によせて／ヘーゲル法哲学批判序説』岩波文庫、一九九一年（初版は七四年）、七二頁。

……フロイト『ある幻想の未来』（一九二七年）*26

マルクスの定義もフロイトの定義も、宗教は人間が生み出したものであるという点を強調していることは一目瞭然であろう。定義の内容自体はまったく異なっているが、この点では同一のタイプであるといえる。

ではまずはマルクスから見ていくことにしよう。彼によると、社会は一部の金持ちが大多数の貧しい労働者を搾取する歪んだ構造を持っている。そして、そういう社会の構成員である人々の精神もゆがんでしまっている。そして、その歪んだ精神が救いを求めて宗教を産み出すことになる。

もっとも、社会がゆがんでいても精神はゆがまない場合もあるはずなので、実はマルクスはここである特定の立場をとっているといえる。それは唯物論である。唯物論にもいろいろなものがあるが、ここでは、たとえば環境が人の性格を決定するというような考え方を意味していると考えればよい。あの子が非行に走ったのは家庭環境に問題があったからだというような分析が一般的によく行われるが、これは要するに一種の唯物論である。

人間の頭脳における茫漠とした像ですら、彼らの物質的な、経験的に確定できる、そして物質的な諸前提と結びついている、生活過程の、必然的な昇華物なのである。道徳、宗教、形而上学、その他のイデオロギーおよびそれに照応する意識諸形態は、こうなれば、もはや自立性という仮象を保

＊26　『フロイト著作集　第三巻』（髙橋義孝他訳）、人文書院、一九九六年（初版は六九年）、三八三頁。

てなくなる。〔…〕むしろ自分たちの物質的な生産と物質的な交通を発展させていく人間たちが、こうした自分たちの現実と一緒に、自らの思考や思考の産物をも変化させていくのである。意識が生活を規定するのではなく、生活が意識を規定する。

……マルクス『ドイツ・イデオロギー』（一八四五年）*27

この引用文もなかなか難しいが、最後の「意識が生活を規定するのではなく、生活が意識を規定する」という箇所は理解できるだろう。家庭環境と非行の関係と同じく、歪んだ社会は歪んだ精神を生み出す。そうして、本来は不要であるはずの宗教が歪んだ精神によって生み出される。なぜなら、不当に搾取され苦しんでいる人々には「癒し」が必要だからである。だから、宗教は「痛み止め＝阿片（鎮静作用）」なのである。この「癒し」という問題意識だけ取り出すなら、『新明解国語辞典』の定義にピタリと当てはまることになるだろう。

ともかく、マルクスは一部の金持ちが大多数の貧しい労働者を搾取している最悪な現状をひっくり返し、労働者が主体となる世界を作らなければならないと主張する。もしそのような逆転が成功し、理想社会が実現して社会の倒錯が是正されれば、当然人間精神の倒錯もなくなるから、痛み止めは不要になるだろう。こうして宗教はいずれ消滅するものだと考えた。マルクスの定義（『ヘーゲル法哲学批判序説』）を前後の文脈も含めて改めて引いておこう。

＊27　マルクス／エンゲルス（廣松渉・小林昌人訳）『新編輯版　ドイツ・イデオロギー』岩波文庫、二〇〇二年、三一頁。

反宗教的批判の基礎は、人間が宗教をつくるのであり、宗教が人間をつくるのではない、ということにある。〔…〕。人間とはすなわち人間の世界であり、国家であり、社会的結合である。この国家、この社会的結合が倒錯した世界であるがゆえに、倒錯した世界意識である宗教を生みだすのである。〔…〕。宗教上の悲惨は、現実的な悲惨の表現でもあるし、現実的な悲惨にたいする抗議でもある。宗教は、抑圧された生きもののため息であり、非情な世界の心情であるとともに、精神を失った状態の精神である。それは民衆の阿片である。〔…〕宗教への批判は人間の迷夢を破るが、それは人間が迷夢から醒めた分別をもった人間らしく思考し行動し、自分の現実を形成するためであり、人間が自分自身を中心として、したがってまた自分の現実の太陽を中心として動くためである。宗教は、人間が自分自身を中心として動くことをしないあいだ、人間のまわりを動くところの幻想的太陽にすぎない。〔…〕宗教の批判は、人間にとって人間が最高の存在であるという教説でおわる。したがって、人間を貶しめられ、隷属させられ、見捨てられ、軽蔑された存在にしておくようないっさいの諸関係〔…〕を、くつがえせという無条件的命令をもって終わるのである。[*28]

本章の冒頭でいきなりこれを読まされてもチンプンカンプンだったかもしれないが、すでにかなりよく理解できるのではないかと思う。

そういえば、第二章で紹介したクロポトキンの定義を覚えておられるだろう

＊28　カール・マルクス（城塚登訳）『ユダヤ人問題によせて／ヘーゲル法哲学批判序説』岩波文庫、一九九一年（初版は七四年）、七一〜八六頁。

か。「宗教とは、よりよい新社会組織を建設しようとする熱望である」というものである。この定義からすれば、マルクス主義に基づく理想社会の建設は、理想社会の建設ということ自体によって宗教的営みであると見ることも可能だろう。この意味では、無宗教を標榜してきたソヴィエトや中国こそ宗教的であるといえることになりそうである。

私が定義にこだわるのは、一見あり得ないような物の見方が可能になるからでもある。定義というものの面白さがおわかりいただけるかと思う。

3　フロイトの定義

では次にフロイトについてもみていこう。フロイトの宗教論の背景には、彼のエディプスコンプレックス論がある。エディプスコンプレックスとは、知らずに父親を殺した上、知らずに母と結婚した古代ギリシアのエディプス王伝説にちなんだもので、同性の親を憎み異性の親の愛を得ようとして苦しむ無意識の感情のことである。人間の精神は幼児期のこの感情によって形成され、それと同じく、宗教や道徳さらには文化一般もこの感情によって形成されるとフロイトは考える。

さて、まずフロイトは、或る集団の心理というのは、個人の心理状態と同じ過程を経ると考える。つまり、個人の精神過程がそのまま社会全体の精神過程にもあてはまると考えるのである。フロイトの立場はかなり独特であり、原始的な人間の一家族をモデルにした説明がなされる。

フロイトによると、その一家族とは、一人の父親・多数の妻たち・幼い息子たちから構成される。息子たちは父親を頼りにしつつも母親を独占したいと願うが、父親の存在によってそれが叶わないという複雑な気持ちを持っている。息子たちが成長し、嫉妬する年頃になると、父親は息子たちを追い出すが、追い出された息子たちはやがて力を合わせて父親を殺し、母親である女性たちを奪い取ってしまう。

しかし、息子たちはやがてこの父親殺しを後悔し、殺した父親を崇拝対象として、殺人と近親相姦をタブーとした。このような個人の過程が社会全体に敷衍されると、宗教が成立する。父親は「拡大された父親（a magnified father）」となり、これがすなわち「神」にほかならない。フロイトの言葉をいくつか引いておく。

> 自分が寄辺ない存在であることにおびえた幼児の心に保護――愛による保護――への欲求が目ざめ、この欲求に答えてくれたのが父親だったが、この寄辺ない状態が一生つづくことに気づいたことから人類は、一人の父親――それも、今度はもっと強大な父親――の存在にしがみつくことになった。
> ……『ある幻想の未来』*29

精神分析は父親コンプレクスと神信心との密接な関係の存在を教えたし、

*29 『フロイト著作集　第三巻』（髙橋義孝他訳）、人文書院、一九九六年（初版は六九年）、三八三頁。

また、人格神とは心理学的には父親の高められた存在に他ならず〔…〕かくてわれわれは両親コンプレクスの中に宗教的欲求の根幹の根を認め知るのである。

……『レオナルド・ダ・ヴィンチ』（一九一〇年）＊30

原始時代に行われた抑圧類似の事件の名残は、その後もなお長いあいだ文化に尾を引いているのだ。宗教は人類全体が罹っている強迫神経症であり、幼児の強迫神経症と同じく、エディプスコンプレックス、つまり父親との関係にあると言ってよい。

……『ある幻想の未来』＊31

このように、宗教は或る種の病気であって、人間の精神が健康になればやがて消えていくものだとフロイトは考える。理論はまったく違っているが、フロイトもマルクスと同じような宗教批判の立場に立っているといえるだろう。

われわれは、宗教的教義はいわば神経症の残滓《ざんし》と考えるべきだとの見解に到達したのであって、〔人類は〕いまや、神経症患者の精神分析的治療の場合と同じく、抑圧の成果などは捨てて合理的な精神作業の結果に頼るべき時期がおそらくきているのだと言ってさしつかえない。

……『ある幻想の未来』＊32

＊30　同書、一三六頁。

＊31　同書、三九四頁。

＊32　同書、三九五頁。

4　続々・宗教の定義

マルクスもフロイトも、宗教現象の観察によって得られた事実の範囲で理論を構築してはいないだろう。たとえば「アニミズム」のタイラーは、自然の背後に霊的存在を見る人々が現に存在しているといういゆるぎない事実から出発しているし、「アニマティズム」のマレットも、太平洋諸島に実際に広く信じられるマナという宗教的力の存在から出発している。「聖と俗」のデュルケームも、オーストラリア原住民に実際に見られる宗教現象から出発している。

宗教現象を出発点にしていない点でマルクスもフロイトも机上の空論かもしれない。少なくとも宗教学とはいえず、むしろ形而上学（＝経験を超えたものについての学問）であり、検証しようのない独断だと批判することもできるだろう。とはいえ、彼らの考察は傾聴に値する深みをもった考え方であると思う。

以下でも、厳密には宗教学ではないにしても、非常に優れた洞察であると私が思う定義をいくつか紹介しておきたい。

〔宗教とは〕すべての義務を自分ならざるものの意志による賞罰規定として、すなわちその意志の恣意的な、それ自身だけの偶然的な命令であると認識することではなく、義務はあらゆる自由な意志の自分自身に対する本質的な法則であるが、それにもかかわらず最高の存在者の命令と見なさねばならぬものと認識することである。[*33]

……イマヌエル・カント『実践理性批判』（一七八八年）

理性の普遍妥当的価値を、私達に於て、また私達を通して、その価値内容を実現する超越的、絶対的実在の顕現として体験することに宗教の本質は存する。[*34]

……波多野精一『宗教哲学の本質及其根本問題』（一九二〇年）

カント（一七二四～一八〇四）も波多野（一八七七～一九五九）も、人間はその理性の働きによって、自分自身に対して「人間として絶対に守らなければならない義務」を課すと考える。人間が道徳的存在であることの根拠は、理性の働きにあるという理解はカントや波多野に限らずごく一般的な考え方であるが、この理性の働きの範囲内で神を理解しようとするのがカントと波多野の特徴であるといえる。

神の存在を理性の範囲内に置くということは、奇跡や不思議なできごとといった超自然的な現象に宗教を見ようとするタイプの宗教理解とはまるで異なっているだろう。神社で神頼みをする行為は、カントや波多野からすれば、宗教現象ではないことになる（それゆえ、カントは無神論者として非難された事実がある）。

ほかにも、「絶対依存の感情」（シュライエルマッハ）や「われわれに究極的

＊33　『カント全集』第七巻、理想社、一九六五年、三三三頁。

＊34　『波多野精一全集』第三巻、岩波書店、一九六八年（初版は四九年）、二二〇頁。

に関わるもの」（ティリッヒ）という定義もあって、まだまだ定義について考察すべき点があるが、そろそろこのあたりでおしまいにして、ラスト一つにしよう。

> 宗教とは、人間生活の究極的な意味をあきらかにし、人間の問題の究極的な解決にかかわりをもつと、人々によって信じられているいとなみを中心とした文化現象である。宗教には、そのいとなみとの関連において、神観念や神聖性を伴う場合が多い。[*35]
>
> ……岸本英夫『宗教学』（一九六一年）

岸本（一九〇三～一九六四）のこの定義は日本の学者による定義としては恐らく最もよく知られたものだろう。『デジタル大辞泉』の「神・仏などの超越的存在や、聖なるものにかかわる人間の営み」という定義は、岸本の定義をヒントにしているように思うが、それはともかく、この定義の優れているところは、例外をきちんと視野に入れている点であると私は思う。「……いとなみを中心とした文化現象」という文言には、「中心から外れるものもある」という視野の広さが読み取れるし、「神観念や神聖性を伴う場合が多い」という表現にも、「伴わない場合もある」ということがきちんと視野に入れられていることが伺われるからである。

もっとも、この定義で最も重きが置かれているのは「究極的」という概念だ

*35　岸本英夫『宗教学』大明堂、一九六一年、一七頁。

ろうが、この概念が「中心」であると考えるなら、初詣やお盆は「周辺部」に位置することになるだろう。「究極的」でないからである。しかし、果たしてそういう見方は、とくに日本人の宗教観に限ってみるにしても、現状を正しく見ているといえるかどうかは怪しいように思う。初詣やお盆こそが「中心」であるように思われるからである。

5　定義に対する態度

ここまで宗教のいろいろな定義についてかなり詳しく検討してきたが、最初に述べたように、統一的見解はないということがよくわかったと思う。実のところこのような状況には、宗教とは何かということを考察するさいに必然的に陥らざるを得ない本質的な問題が関わっていると見ることができる。それは論点先取の誤りである。[*36]

まず、宗教とは何かということを見極める作業は、いろいろな宗教の共通項を探す作業であるだろう。ヒンドゥー教、仏教、神道、ユダヤ教、イスラム教、キリスト教などの各宗教を集めてみて、それらに共通の性質をあぶり出すことができれば、それを宗教の本質と見てよさそうであるように思う。

たとえば、ＡＢＣＤという四つの宗教を集めてきて、Ａの構成要素として「a・b・c・d」を指摘することができ、Ｂの場合は「b・c・d・e・f」、Ｃは「c・d・e」、Ｄは「d・f・g・h・i・j・k」を指摘することができるとする。

＊36　定義の作業に伴う問題点については石田慶和・薗田坦編『宗教学を学ぶ人のために』世界思想社、一九八九年の「序」を参照してほしい。

これらをじっと眺めてみてほしい。すべてに共通する要素は「d」である。それゆえ、「d」を宗教の本質であるとして見つけ出すことができたと考えることはごく自然であるように思う。

しかし、ここには大きな落とし穴がある。いま、作業を開始するにあたってABCDを宗教として選んできたわけであるが、ABCDを宗教として選び出すためには、宗教とは何かについてあらかじめ知っていないといけないだろう。さもなければ、そもそもABCDを宗教として選び出すことさえできなかったはずだからである。しかし、宗教とは何かということは、これから取り掛かる作業の最後にようやく決めることができるはずのものであるから、この作業は明らかに論点先取である。

宗教とは何かを考察しようとするとこういう本質的な問題を避けられないわけであるから、宗教というものを学術的に扱うことはそもそも無理があるといってよいのかもしれない。現状としては、定義は仮説的に扱うにとどめておいて、研究の深まりとともに随時更新していくしかないだろう。*37 謙虚な姿勢が重要であると思う。

6　ネムの嘆き

さて、最後に述べておきたいのは、多くの日本人が宗教のことをよく思っていないという残念な事実である。日本人は宗教は人間をダメにする、という言

＊37　この点に関してはW・R・コムストック（柳川啓一訳）『宗教――原始形態と理論』東京大学出版会、一九七六年（原著は一九七二年）の第二章「宗教の定義」を参照してほしい。

い方で宗教を批判したりする。しかし、一体日本人の中の何人が自分の用いている宗教という言葉の意味に自覚的であるのだろうか。自分の批判対象のことをよく知らないままに批判しているのではないだろうか。これは相当レベルの低い幼稚な態度だと思う。

宗教の定義についての議論を終えるためのシメククリとして、一つ漫画を紹介したい。料理漫画の大傑作、『美味しんぼ』（作・雁屋哲　画・花咲アキラ）の第二十四巻「カレー勝負」（小学館一九九〇年）である。冒頭の数ページ分だけであるが、大変勉強になると思う。

物語は、川遊びにやってきた仕事仲間たちがお昼にカレーを作ることにしたが、それぞれにカレーの作り方にこだわりがあって、自分の作り方が一番だと主張して誰も譲らない、というところから始まる。以下は同僚八人の会話である。

Ａ：（…）ルウを用意してきたわ。
Ｂ：え、市販のルウなんか使うんですか？
Ｃ：小麦粉を炒めて香ばしく仕上げた方が…
Ｄ：え！　小麦粉を使うの？（…）小麦粉を使うと糊みたいになって……やっぱり、玉ネギの薄切りを念入りに炒めたのをベースにした方がいいと思うな。
Ｅ：あ！　それダメ。ネギくさいし、玉ネギの甘みが出ちゃってさ。

F：野菜は細かく切って、赤ワインを加えて肉と一緒に煮る。やわらかくなったら、野菜を裏ごしにする。そこにカレー粉を加える。これが最高。
G：カレー粉炒めないんですか？　それじゃ香ばしさが足りないわ。
F：とんでもない!!　炒めたら香りが飛んじゃう！
A：そんな面倒なことしなくたって、市販のルウで充分美味しいわよ！
C：小麦粉をよく炒めれば、糊みたいにモッタリしないわ。
H：私はどうでもいいわよ、ジャガイモさえ入ってたら。
D：げえ！　ジャガイモなんか入れたらやぼったい味になっちまうよ！
H：なに言ってんの！　ジャガイモの入ってないカレーなんて最低よ！

このような次第でおおいに紛糾し、結局カレーは作らず、持参した具材は肉野菜炒めになってしまった。

さて、カレーでケンカしたのならカレーで仲直り、ということで主人公は同僚たちをお気に入りのカレーショップに連れていくのであるが、店のドアには「当分の間休業致します」という張り紙がしてある。ドアは開いていたので入ってみると、店主がカレーのことで悩んでいる様子。或る客が来て、店主をやり込めてしまったのである。客と店主のやりとりを書き出してみよう。

店主：いらっしゃいませ。さ、どうぞ。

客：店主……、この店はカレーの専門店だな。
店主：はい、さようでございます。
客：そうか、では、この店で一番旨いと自信のあるカレーを食べさせてくれ。
店主：（…）それではチキンカレーはいかがでしょう？
鶏肉は長野県の養鶏家に委託飼育してもらっている、本物の鶏です。
客：ふむ、それを出してみろ。
店主：はい。お待ちどおさま。
客：（食べる前に店主に問う）店主、ちょっと聞くが……これは本物のカレーか？
店主：は、はい、まじりっ気なしの本物のカレーですが……？
客：ほほう、では教えてくれ、
本物のカレーとはなんなのだ？
店主：えっ!? そ、それは……
うちのカレー粉は私が自分でスパイスを調合したものですし……
スパイスの調合は、私がいろいろと研究をして……
客：ふうむ、カレー粉か………
そもそもカレー粉とはなんなのだ？
インドでもカレー粉を使うのか？
インドにもカレー粉はあるのか？

そうか、では、この店で一番旨いと自信のあるカレーを食べさせてくれ。
はあ……それではチキンカレーはいかがでしょう？
鶏肉は長野県の養鶏家に委託飼育してもらっている、本物の鶏です。
ふむ、それを出してみろ。
はい。
お待ちどおさま。

この店のカレーが本物だと言ったからには、答えてもらおう。まず第一にカレーとはなにか？

店主：え……ええっ!?

客　：カレーの定義だ、カレーと呼ばれるためにはなんとなにが必要なのだ？　辛ければそれがすべてカレーなのか、色が黄色ければカレーなのか？

店主：カ……カレーの定義ですって!?

客　：スパイスを調合すると言ったが、これを欠いたらカレーといえなくなるという、決め手のスパイスはなんだ？

店主：そ……そんなこと……!!

客　：では、この店はなにを根拠に、あるいはなにを標準にして、スパイスの調合をしているんだ？

店主：それは私の好みで……

客　：カレーの定義も出来ないくせに、自分の好みというのはおかしいじゃないか。

第二の質問だ、カレー粉とはなんなのだ？　インドのことをよく知っている人の中には、カレー粉はイギリス人の発明によるもので、インド人はカレー粉を使わないと言う人もいるぞ。

店主：ふわわ……

客　：そして、もう一つの質問！　カレーはこうして米の飯と一緒に食べ

るのが正しいのか？
インドにはチャパティとかナンとかいったパンの種類がいくつもある。
そんな物と一緒に食べるのが正しいのではないのか？

店主：ひ……

客　：こんな所でそんな質問をするとは、ずいぶん野暮な話だったな……
最近このカレーショップが旨いと評判なので、それならば少しはカレーのことを知っているだろうと思ったのだが……
ふん……
自分が作って人に食べさせている物が、どんな物なのか知らないとはな……

こうしてすっかりやり込められてしまった店主は、「私は、カレーとはなんなのかなんて考えたことはなかった」「カレーの根っこの部分を知らない」と、落ち込んでいたのである。店主は「私は、カレーを勉強し直します。それまでは店は開けられません」と言い、物語はカレーの本質を探るストーリーとして展開していくことになる。

とくに解説するまでもなく、カレー屋がカレーとは何かをそもそも理解しないままカレーを作っていることが問題になっていることは明らかだろう。客が言い放った「自分が作って人に食べさせている物が、どんな物なのか知らない

©雁屋哲・花咲アキラ／小学館

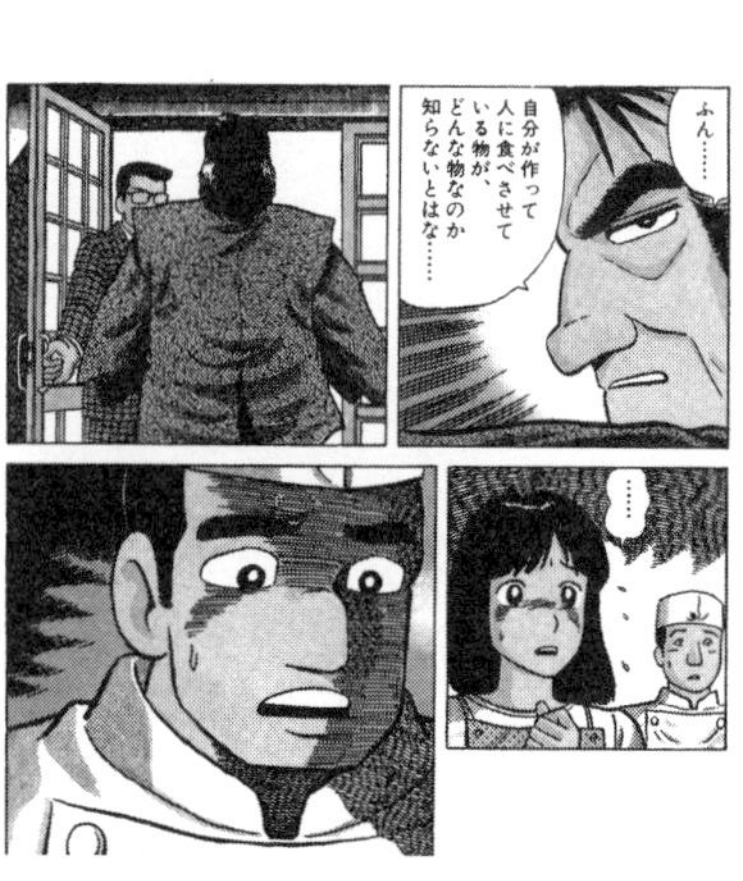

とはな」という捨て台詞を「宗教嫌い」の文脈にあてはめてみると、「自分が毛嫌いしている宗教というものが、どんなものなのかそもそも知らないとはな」ということになる。読者はこのマヌケさに気が付いてくれただろうか。

冒頭の同僚たちの「カレー論争」についても一言述べておこう。行われている言い争いは要するに「カレーをどのように作るのがベストなのか」という問題である。この問題を扱う以上、カレーの定義について言及しなければ意味ある議論はまったく不可能であるということにそもそも誰も気付いていない点が、実にマヌケである。おのおのが自分勝手なカレー像を熱心に語っているにすぎないからである。宗教嫌いの多くの日本人も、これとまったく同じで実にマヌケであるということが理解できたと思う。

宗教に限らず、こういうマヌケ問題はわれわれの日常のいたるところにあるような気がする。相手のことをよく知りもしないで「なんか嫌い」とか「ムリ」とか言ってしまってないだろうか。愛とは何かを知らないのに「愛してる」と言ったり、仕事のことをよく知らないのにその仕事をしたいと思ったり、運命を知ることなど人間には不可能なのに「運命の人に出会った」と言ったり、テキトーなことだらけな気がする。

この点でカレー屋の店主は実に立派である。このマヌケ問題の大きさに気付いて、カレーを勉強し直すと言っているからである。店主の真面目さをわれわれも見習わなければならないとつくづく思う。

7　愚かなネムの反省

「自分の批判対象のことをよく知らないままに批判している」という問題について、あと一つだけ紹介したい言葉がある。二〇二〇年に亡くなった稀代のコメディアン志村けん（一九五〇～二〇二〇）の名言である。

お笑いみたいなものでも、常識を知らないと本当のツボというものがわからない。常識は基本線で、お笑いはその常識をひっくり返すところで、コントとして成り立っている。だから笑えるワケよ。お笑いに限らず、常識をバカにする奴に、常識を超えたことは絶対にできない。*38

若いころは私も典型的な「常識をバカにする奴」であり、しかも一番手に負えないタイプの「常識とは何かを知らないくせに常識をバカにする奴」だった。

私は自分の愚かさを痛感したことがある。それは、例のインド放浪のときのことであった。第一章で書いたように、私がインドに向かった理由は父が仏教学者であったことが一つの理由であるわけだが、ほかにも大きな理由があった。それは、日本という国が嫌いだったことである。すでに書いたように、私は高校卒業後は大学に行かずにしばらくの間放浪していた。私の出身校は「みんな大学に行く」進学校だったが、とくに学びたいこともないのに「みんな行く」

*38　志村けん『志村流』三笠書房（文庫）、二〇〇五年、一三八頁。

という理由で大学に行くのは自分に納得がいかなかったからである。

とはいえ、こういう生徒はまずいなかったので、私は自分を例外者だと強く認識するようになっていった。もともと父を幼くして亡くした私は、ほかの家庭とは違っているという例外者意識を持っていたのもあってか、高校生にもなると「みんなしているから」「みんな言ってるから」などという理由で物事を決めることを嫌悪していた。

そしてこの嫌悪感は、「出る杭は打たれる」から「長いものには巻かれる」のが正解で、「みんな」と同じでないと住みにくい気がしていた日本という国への嫌悪になっていったのである。こういった思いを持ってインドを放浪していたのであるが、旅先で出会った外国人と触れ合っているうちに私は重大なことに気が付いた。それは、私は日本のことをよく知りもしないくせに日本を嫌っているということだった。彼らは私に日本はどんなところか、どんな国か、としきりに訊いてくるのであったが、私は何一つうまく答えることができなかったのである。

この気づきは自分にとって大きなものだった。インドから帰国した私は、日本のことを知らなければならない、そうでなければ先へ進めない、と考えるようになっていた。そこで私は考えた。日本を知るには、日本をこの自分の足で端から端まで歩けばいいのではないかと。日本の「知り方」には恐らくいろいろなものがある。伝統文化についての本を読むことや、茶道や華道といった習い事を始めることも、日本を知るための大きな手掛かりになるに違いない。しかし、すでに野宿や野外生活の技術にある程度習熟していた自分にとって、一番しっくりくるのは自分の足で日本を歩くという方法だった。

そういう次第で、二十歳になった私は九州本島最南端の佐多岬から北海道最北端の宗谷岬までの全行程を徒歩と野宿で歩き通す旅に出たのである。自転車にも乗らず、ヒッチハイクもせず、ひたすら私は歩き続け、野宿し続けた。そして、約半年かけてついに宗谷岬に辿り着くことができた。この旅の様子について語るのは別の機会に譲るが、自分の矛盾にしっかり向き合うことができたこの経験がいまの私の土台になっている。

さて、ここまで宗教について深く理解するために、まずは「宗教とは何か」を考えてみようということで、定義について考察を続けてきたわけであるが、私は折に触れて「日本人と宗教」というような内容についても話してきた。そろそろ一度じっくり「私は無神論者です」「私は無宗教です」と自己規定する立場の実態について検討しておく必要があるだろう。とくに、「無神論」という概念についてはおそらく多くの読者が誤解していると思うので、そもそも「無神論」とはいったいどのような立場なのかということについて見ておく必要もある。次章のテーマは「無神論」である。

第5章 無神論について

1 現代日本人と宗教
2 宗教を避ける日本人
3 無自覚的な自然宗教
4 宗教あっての道徳
5 無神論は有神論である
6 善良であるために宗教は必要か？
7 日本に無神論者・無宗教者はおそらくほとんどいない

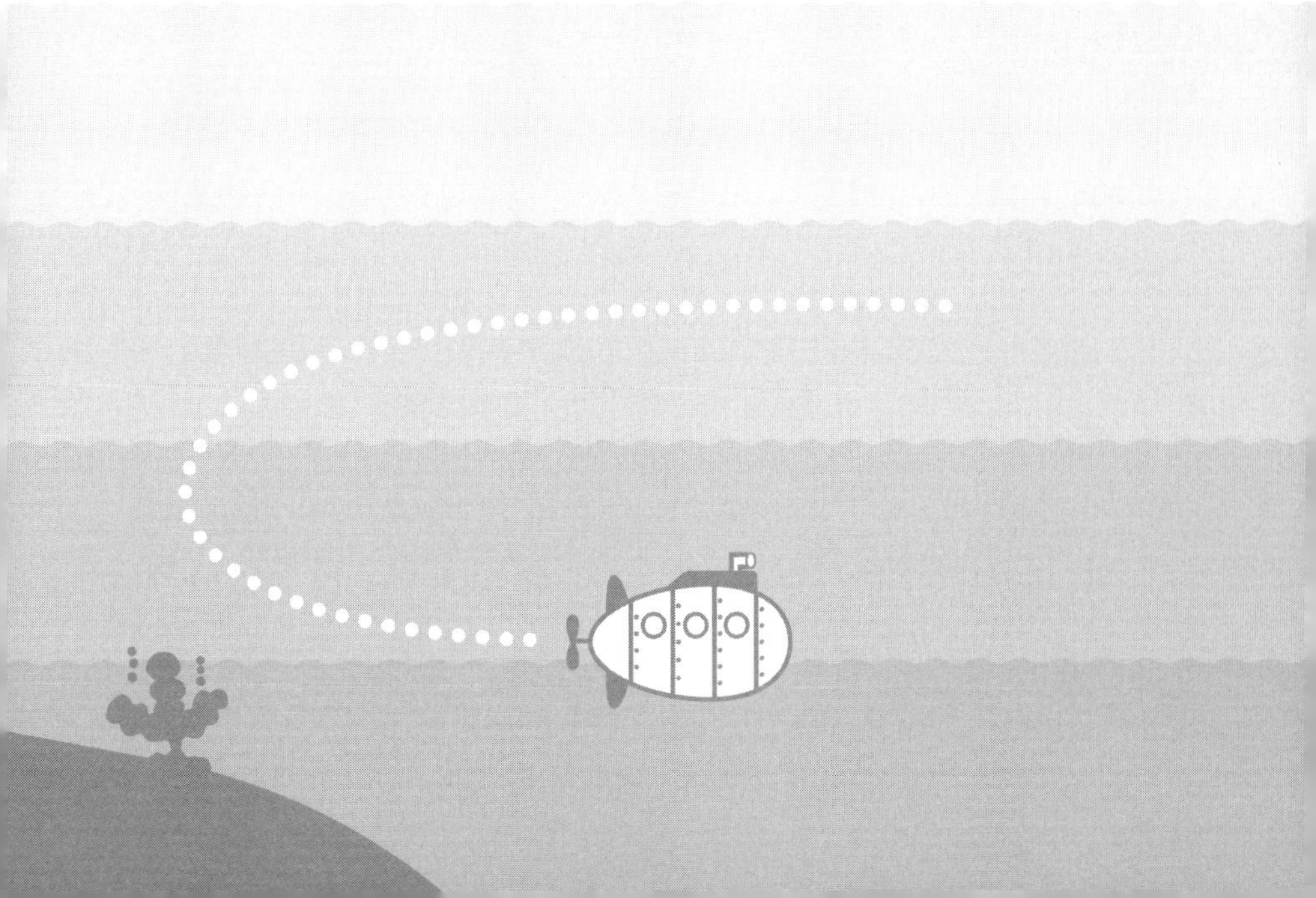

ネム船長の羅針盤

「無神論」とは、信念に基づいて神に敵対し、神を冒瀆する立場のことである。神と戦うのが「無神論」なのであるから、対戦相手の神が存在しなければおかしなことになる。つまり「無神論」は「有神論」なのである。

「私は神と戦っているという意味で無神論者である。自分が血みどろになって戦っている相手がいない、などというバカはいない」

……ジャン・ポール・サルトル

1　現代日本人と宗教

宗教の定義についてあれこれと考察する作業の中で、私は日本人と宗教との関わりについてかなり多く述べてきた。このあたりで一度日本人の宗教に対する典型的な態度――「私は無神論である・無宗教である」――について主題的に扱っておこう。

自分のことを「無神論」・「無宗教」と考えている日本人はかなり多いように思う。学生もそうであり、私はこれまでいろいろな大学で授業を行ってきたが、自分のことを「無神論」「無宗教」と公言する学生がかなり多い印象を持っている。実は「無神論」と「無宗教」ではまったく意味が違うのであるが、その点についてはあとで述べるとして、二〇一五年に学生約六〇〇〇名を対象にして実施された調査の結果を見てみよう。

信仰を持っていると回答した人は約十％である。大学生の読者はこの調査結果通りの実感を持っているのではないかと思う。友達一〇人のうち一人が「信仰」を持っているという状況ではないだろうか。

逆に言うと、学生の約九割は「信仰を持っていない」と自分では考えているといってよいだろう。第二章第八節で紹介したように、文化庁の『宗教年鑑』では、神道系の信者は「一億八五二二万人」、仏教系の信者は「八七五〇万人」として記載されている点についても、改めて想起してほしい。形式的には恐らくほぼ日本人全員が何らかの「信者」としてカウントされているが、本人の自覚としては信仰を持っていないというわけである。

しかしここで改めて問いたいのは、「現在、信仰を持っている」という文言における「信仰」を、調査の回答者たちは一体どのように理解しているのかということである。本書の読者はすでに気付いていてほしいが、回答者たちは「信仰」という言葉をかなり狭く捉えているに違いない。調査に答えた学生たちの念頭に置かれている「宗教」とは、ほぼ間違いなく「神と人間を結び付けるもの」とか「絶対依存の感情」といったタイプの宗教だろう。或いは回答者たちは、マルクスが「阿片」と言い、フロイトが「幻想」と言ったものを妄信することが「信仰」だと考えているように思う。しかし、宗教の定義には実にさまざま

表１：質問「あなたは宗教にどの程度関心がありますか」

	名	%
1. 現在、信仰をもっている	588	10.2
2. 信仰はもっていないが、宗教に関心がある	2048	35.5
3. 信仰はもっていないし、宗教にもあまり関心がない	1896	32.8
4. 信仰はもっていないし、宗教にもまったく関心がない	1161	20.1
5. 無回答	80	1.4

※國學院大學日本文化研究所 HP のデータに基づき根無が作成

なものがあり、定義によっては、パワースポットを好む人はみな「信仰」を持っているともいえるのであった。なぜ多くの人は自分を「無宗教・無神論」と考えたがるのだろうか。[*39]

2　宗教を避ける日本人

多くの日本人が「自分は無神論者・無宗教である」と宣言する背景には、おそらく或る心理が働いているように思う。それは、「私は特定の宗教・宗派には属していません」というものだろう。この場合、念頭に置かれている「特定の宗教・宗派」とは、キリスト教やイスラム教などの有名な宗教や、「新興宗教」（※新興宗教の代わりに「新宗教」という言葉を用いることが最近では一般的になっている）などである。とくに、「新興宗教」という場合には、無差別殺人事件を起こしたオウム真理教や巨額詐欺事件の「法の華」、最近ではいわゆる「統一教会」などの「宗教団体」が念頭に置かれており、「自分はそういう団体とは無関係です」という意味で「無神論者・無宗教」と言っているように思われる。[*40]

というのも、冒頭で紹介した学生の意識調査（一九九五年〜二〇一五年）のプレ段階として一九九二年に実施された調査では、「特定の宗教を信じている」が十七.七％であり、二〇一五年の十.二％よりもだいぶ多いのだが、或るときから激減するからである。一九九二年から二〇一五年までの調査結果を図１で

＊39　本節（というよりもむしろ本書）を補うものとして、岩田文昭・碧海寿広編『知っておきたい日本の宗教』ミネルヴァ書房、二〇二〇年の「序章　日本人は無宗教なのか」を参照してほしい。私の議論は執筆者の岩田文昭先生の議論をかなり参考にさせていただいている。

＊40　宗教に対して日本人がこのように自己理解する背景には、そうなるにいたった歴史的経緯がきちんと存在しているのであるが、本書では扱う余裕がない。この点については阿満利麿『日本人はなぜ無宗教なのか』ちくま新書、一九九六年をオススメする。この本については本書巻末の読書ガイドでも紹介しているので、そちらも参照してほしい。

見てみよう。

図1から興味深い結果を読み取ることができるが、その前にあともう一つグラフ（図2）を見てもらいたい。こちらは全国の有権者三〇〇〇人を対象にしたアンケート調査のもので、「あなたは、何か宗教を信じていますか」という問いに対する回答結果である。

二つのグラフの数値には差が認められるが、すぐに気付く共通点があるだろう。一九九五年に大きな境界線が存在しているように見えることである。すでにおわかりだと思うが、オウム真理教による地下鉄サリン事件が起こったのが一九九五年の三月なのである。

この事件が宗教というものに与えた影響はかなり大きかった。私の記憶では、ちょっとへんなことを言うと、「オウムみたい」や「あんたオウムに入ってたんか？」といったツッコミが行われていた。とくに、「教団」・「信者」・「教祖」というワードが異常なマイナス負荷を持つようになったように思う。だから、「教団」・「信者」・「教祖」を持つキリスト教やイ

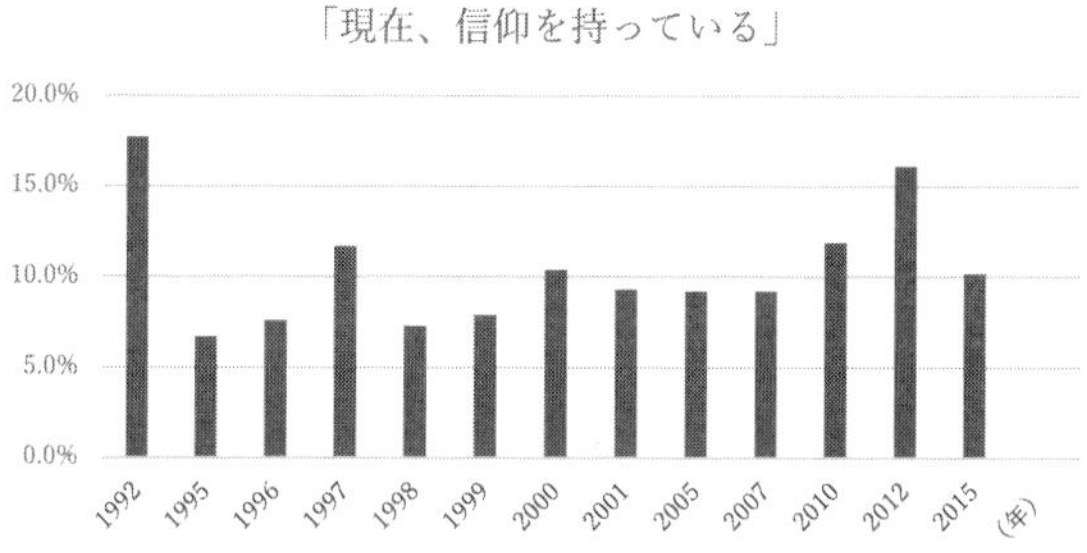

図1　國學院大學日本文化研究所 HP のデータに基づいて根無が作成

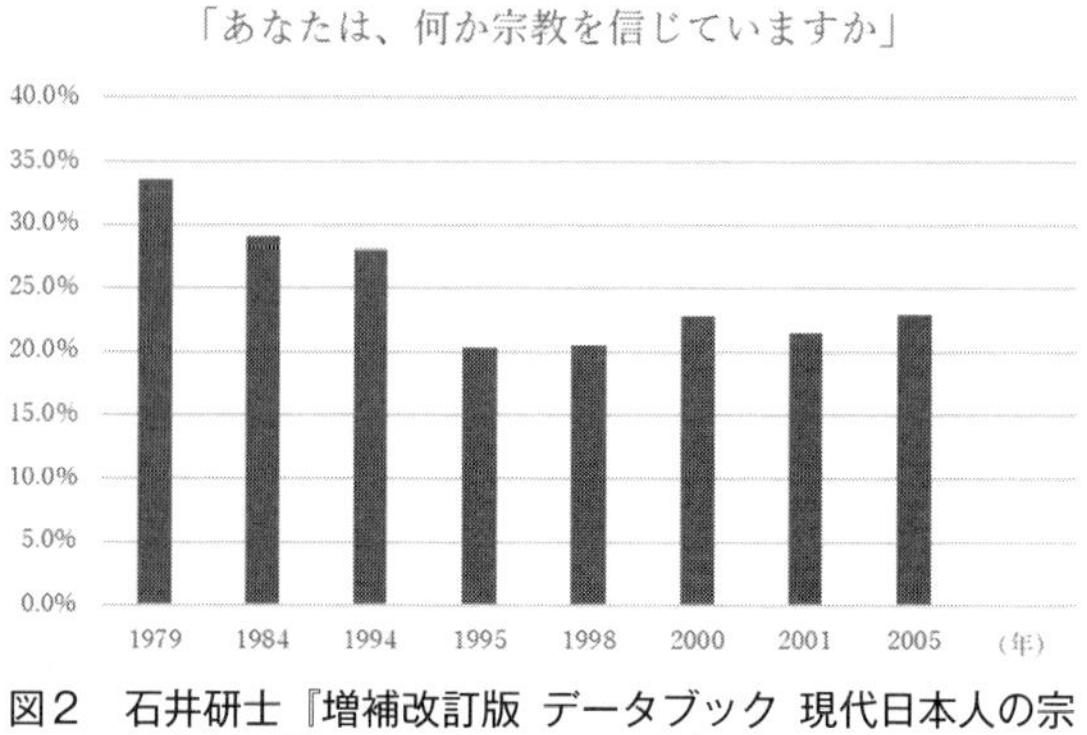

図2　石井研士『増補改訂版 データブック 現代日本人の宗教』新曜社、2007年のデータに基づいて根無が作成

スラム教、諸々の新宗教や、「教祖」がいないにしても「熱心な信者」を抱える宗教に対しても、なんとなくの感覚で「宗教は危険だ」という認識が一般的に行われるようになっていったように思う。*41

3　無自覚的な自然宗教

さて、宗教学の立場からすれば、日本人が一般的にイメージする宗教が偏ったものであることはこれまでに何度も述べてきた。「教祖」がいる、或いは「熱心な信者」がいる宗教だけが宗教ではないという点に改めて厳重に注意する必要があるだろう。

これまでに紹介した「絶対依存の感情」（シュライエルマッハ）や、「神と人間を結び付けるもの」（仁戸田六三郎）という定義は、自分のことを「信者」として自覚している人にとっての宗教にしか当てはまらないように思うが、「アニミズム」や「アニマティズム」、「聖俗の分離」という宗教理解からすれば、無自覚的に行う墓参りやお盆、初詣も宗教的実践であるといえるはずである。私は第二章第二節の中で、「ご先祖様を信仰している」という意識を持つ人はほとんどいないと思うが、それでも墓参りやお盆などの行事を営むときには宗教的な事柄に関わっているという意識を持つはずだと書いた。つまり、こういった行事はいつのまにかわれわれの日常生活に根を下ろしており、すでに自覚のないところにまで溶け込んだ「無自覚の信仰」の表現であると考えられるので

＊41　少し時代を遡ると、かなり強引な勧誘をしていた新宗教もあったし、宗教的信条のために輸血を拒んで我が子を死なせた一件もあり、「宗教忌避」の状況はすでに十分整っていたと見ることができる。

ある。

自然に発生していつのまにか生活に根付いているこういった宗教を「自然宗教」という。厳密に言うと必ずしも「自然宗教」に関わる人すべてが無自覚的であるわけではないが、われわれにとって重要なのは、「無自覚的な自然宗教が事実として存在している」という点である。なお、「自然宗教」とは自然を崇拝する宗教という意味に聞こえるかもしれないが、そうではない。結果的に自然崇拝を含む自然宗教もあるが、それは別の事柄である。

さて、こういった「自然宗教」に対し、或る特定の創唱者のような人物が宗教の成立に本質的な役割を演じる場合、その宗教を「創唱宗教」という。このタイプの宗教の場合、自分がその宗教に帰属しているという自覚を持っている場合が多い。ムハンマドとイスラム教や、イエスとキリスト教の関係を想起していただくとわかりやすいだろう。[*42]

もっとも、いろいろな例外もある。両親がムスリム（イスラム教徒）の子は少なくともムスリムとして育つが、「なんとなくムスリム」という程度の自覚しか持たない場合もあるので、これは「創唱宗教」かつ「無自覚的」であるといえるかもしれない。

「自然宗教」かつ「自覚的」であるパターンについてはヒンドゥー教を挙げておく。ヒンドゥー教には特定の創唱者はおらず、自然発生的に成立してきた自然宗教の典型であるが、インドでは街角のいたるところに祠があって、いつも綺麗な花が供えられており、お香がふんだんに焚かれているし、家やお店に

＊42　もっとも、イエス自身が自覚的にキリスト教を開始したわけではなく、キリスト教の成立には弟子たち、とくにパウロの働きが大きく関わっている。

も神様の絵が飾られている。

また、「自然宗教－創唱宗教」という対比以外にも、「自然宗教－啓示宗教」という区別もよく行われている。啓示宗教とは、神からうけた啓示に基礎を置く宗教である。やはりキリスト教やイスラム教が典型である。概念的に「創唱宗教」と重なっているが、ズレているケースもある。

たとえばユダヤ教は典型的な啓示宗教であるが、特定の創唱者がいるわけではないので、創唱宗教ではない。[*43] この逆のパターンとしては仏教をあげることができる。仏教はゴータマがひらいたものであるが、彼は神の啓示をうけたわけではなく、それゆえ仏教は神の言葉を伝えるようなタイプではまったくない。仏教の教えは、前章で述べた「縁起」についての理解を軸にして展開されており、創唱宗教であるが啓示宗教ではないと規定し得るだろう。

以上のように整理してみると、日本人が「私は無宗教です」と言う場合に念頭に置かれている「宗教」とは主に「創唱宗教」或いは「啓示宗教」のことであるといえる。しかし、いま見たように、「無自覚的な自然宗教」という概念を導入すれば、日本人の多くがこのタイプの「宗教」を信仰しているといえることになるはずである。すでに何度も指摘してきたように、宗教の定義次第では（そして一定の外国の人の目から見れば）、日本は宗教大国だからである。

＊43　もっとも、ユダヤ教の創唱者としてアブラハムを挙げる人もいればモーセを挙げる人もいるが、ムハンマドがイスラム教の、ゴータマが仏教の創唱者であることは歴史的に異論の余地がないといえる一方で、アブラハムやモーセについてはムハンマドとゴータマと同じ仕方では創唱者として規定できないだろう。これは『聖書』をどのように読むかという難しい問題に関わっており、記録がないからである。とはいえ、本書の守備範囲を大きく超えているので、いまはこの程度の指摘にとどめておく。

4 宗教あっての道徳

いずれにしても現状として、自分のことを「無神論・無宗教」と規定する日本人が多いのは間違いない。この自己認識は日本国内ではとくに問題を引き起こさないだろうが、海外では別である。なぜなら、宗教があるからこそ人間は人間として生きることができる、というように考える社会も多いからである。そのような地域では、「無神論・無宗教」を標榜することは、みずから人間であることを否定し、道徳を放棄することを意味しかねないということをよく知っておく必要がある。

『武士道』(一八九九年)を書いたことでよく知られる新渡戸稲造(一八六二～一九三三)がまさにこの点について興味深い記事を書いているので見てみよう。『武士道』の序文である。

約十年前、私はベルギーの法学大家故ド・ラヴレー氏の歓待を受けその許で数日を過ごしたが、或る日の散歩の際、私どもの話題が宗教の問題に向いた。「あなたのお国の学校には宗教教育はない、とおっしゃるのですか」とこの尊敬すべき教授が質問した。「ありません」と私が答えるや否や、彼は打ち驚いて突然歩みを停め、「宗教なし! どうして道徳教育を授けるのですか」と繰り返し言ったその声を私は容易に忘れえない。*44

*44 新渡戸稲造『武士道』岩波文庫、二〇〇七年(初版は一九三八年)、一一頁。

「宗教なしにどうして道徳教育ができるのか」という強い感覚が存在しているということが非常によくわかるエピソードだろう。宗教がしっかり根付いている地域では、「宗教なくしてどうして道徳的に生きていけるのか」「人間の良心は宗教によって育まれるのだ」という考えが当然のこととされているのである。

宗教と道徳のこういった関係性について理解するには、たとえば、宗教上の決まりとして非常に有名な十項目の戒律「十戒」がよいヒントを与えてくれる。*45 以下の十項目を見て欲しい。いわゆる宗教的な内容に関わる決まりは十のうち四つで、残り六つはシンプルに道徳上の決まりである。

①あなたには、わたしをおいてほかに神があってはならない。
②あなたはいかなる像も造ってはならない。
③あなたの神、主の名をみだりに唱えてはならない。
④安息日を心に留め、これを聖別せよ。安息日にはいかなる仕事もしてはならない。
⑤あなたの父母を敬え。
⑥殺してはならない。
⑦姦淫してはならない。
⑧盗んではならない。
⑨隣人に関して偽証してはならない。

＊45　「十戒」はユダヤ教とキリスト教とイスラム教に共通の聖典である『出エジプト記』と『申命記』の中に書かれているものである。

⑩隣人の家を欲してはならない。

前半の四つは宗教上の決まりであることは一目瞭然であるが、後半六つは宗教という文脈を離れても普通に通用する道徳的なきまりである。つまり、十戒という宗教上の権威が道徳的なきまりを権威付けていると見ることができるわけである。

要するに、聖書があるから道徳的に生きることができるのであり、神がいるから道徳的に生きることができるのであり、宗教があるから道徳的に生きることができるのだという考え方があるのであって、こういう思想背景を持つ文化において「無神論・無宗教」という立場を表明することは、自分のことを「道徳を無視する非人間的なやつ」「平気でうそをつき、老人や子どもを虐待する危険なやつ」と言っているのと同じになりかねないのである。

5　無神論は有神論である

では、無宗教と無神論はどう違うかという保留していた問題について述べておこう。「無宗教」とは、とくに信仰している宗教はない、なんらかの信仰心を持っているわけではない、神を信じているわけでもない、神が存在するかどうかはわからない、というタイプの立場をいう。つまり、宗教に対して消極的な態度をとる点に特徴があるといえる。

これに対して、「無神論」は積極的に宗教を否定する点に特徴がある。これは「無神論」という言葉の成り立ちを見てみればよくわかる。「無神論者」という日本語は翻訳語であって、もともとは欧米圏の言葉である。英語では「atheist」、フランス語では「atheé」、ドイツ語では「Atheist」であり、いずれも語源は同じで、ギリシア語の「atheos」である。

「atheos」は「a」と「theos」に分解されるわけであるが、それぞれの意味はというと、「a」は「否定・反対」を意味する接頭語であり、「theos」は「神」であるから、要するに「atheos」とは「神を否定する・冒瀆する」「神に反対・敵対する」といったようなニュアンスを持つ言葉なのである。

おそらく「私は無神論者である」と自己理解している日本人も、「私は神の冒瀆者である」と主張するつもりなどないだろう。たとえば、伝統的なキリスト教文化圏において「atheist ＝神の冒瀆者」であることを表明する人というのは、よほどの理由があってそのような立場をとるにいたったのであって、そこには相当な覚悟を持って意志を貫く信念がある。イメージとしては、たとえば漫画などでけっこうありそうなパターンだと、或るできごとがきっかけになってこれまで信頼していた王様に対して恨みを持ち、宮廷から離れて身をやつしながらもなんとか生き延びてひそかに復讐の機会を狙い続ける登場人物のようなタイプだろうか（※これはあくまでイメージであることを念押ししておく）。日本人の場合、ここまで強い信念を持った自称「無神論者」は滅多にいないように思われる。

このように「無神論」とは、「無宗教」とは違って、かなり強いパンチ力を持つ立場であるわけだが、逆にこのパンチ力を利用してあえて「atheist」を表明する人も中にはいる。たとえば、フランスの哲学者サルトル（一九〇五〜一九八〇）である。彼はノーベル文学賞をあげると言われたのにそれを拒否した強烈にクセがすごい人物である。彼は実存主義という立場から、キリスト教にケンカをふっかけ、神を葬り去ろうとした。つまり、彼は意図的に自分を「atheist」と規定して、自分の哲学を展開したのである。彼は次のように述べている。

> 私は神と血みどろになって戦っているという意味で atheist である。自分が血みどろになって戦っている相手がいない、などというバカはいない。*46

サルトルは「私は神と血みどろになって戦っている」と言っている。これが一神教の文化の中における無神論のニュアンスである。いまではもうそんなことはないが、昔は atheist は処刑されることもあったので、欧米においては「無神論」とはまさに命がけの立場だったといえるだろう。ともかく、atheist は神と戦うのであるから、戦う相手の神の存在は当然前提されているわけであって、この意味では atheist は（実に逆説的であることに）「有神論者」なのである。

*46　高尾利数「『神』をよむ試み」『世界の宗教』：『世界の宗教（総解説シリーズ）』自由国民社、二〇〇一年からの孫引き。

6　善良であるために宗教は必要か？

現代の無神論者の代表格はイギリスの生物学者リチャード・ドーキンス（一九四一〜　）だろう。彼には『利己的な遺伝子』（一九七六年）という世界的大ベストセラーの本があるが、信念を持って宗教を否定する科学者として宗教批判の本もいろいろ出版しており、影響力の強い学者としてよく知られている。

彼は二〇一九年に出版した『さらば、神よ』の中で、「善良であるために宗教は必要か？」と問い、宗教は不要であって自らの良心に従えばよいのだと主張している。少し上で『武士道』の序文を取り上げ、「宗教あっての道徳」という考え方を紹介したが、ドーキンスはこのような考え方に真っ向から反対しているのである。

第三章第二節で私は山中におけるゴミの不法投棄問題が鳥居の設置によって解消された事例や、『マタイによる福音書』の「あなたがたの髪の毛までも一本残らず数えられている」という言葉を紹介したが、ドーキンスによれば、神がわれわれの行動をつねに見ているという感覚が犯罪抑止効果につながっているという信念――「天の偉大な監視カメラ説」――には根拠がない。というのも、刑務所の囚人が属している宗教についての調査結果が示すところによると、囚人は無神論者であるよりもクリスチャンである確率の方が七五〇倍高いからである。[*47]

「そんなことをすれば地獄に堕ちるぞ」という子どもへの脅しが効果を持つのは、「天の偉大な監視カメラ」があるからであり、地獄が存在するという大前提があるからである。しかし、そのようなものはない。人間は自らの良心に従えばそれでよい。このようなドーキンスの言い分にもそれなりの説得力があるように思う。彼はこう言っている。死んだら永遠に地獄の火の中に投げ込まれるぞと子どもを脅す連中こそ地獄に行くのが当然だと思うが、そういう連中にとって幸いだったのは、そもそも地獄は存在しないということだ、と。[*48]

もっとも、ドーキンス自身も「残念ながら多くの人たちが、なんらかの神を、とにかく『大いなる力』を信じていなければ、人が道徳を守る——善良でいる——見込みはない、と考えているようだ」と現状を見ており、[*49]「宗教あっての道徳」はおそらくまだまだ有効な観念だといえそうであるから、いずれにしても海外では「無神論・無宗教」という言葉については慎重であった方がいいだろう。

7　日本に無神論者・無宗教者はおそらくほとんどいない

すでに述べたように、日本語としての「無神論」は日本で古くから用いられてきた言葉ではなく、「atheism」の翻訳語として作られた新しい言葉である。従っ

＊47　リチャード・ドーキンス（大田直子訳）『さらば、神よ——科学こそが道を作る』早川出版、二〇二〇年（原著は二〇一九年）、一二八頁以下参照。ドーキンスはもちろんクリスチャンと無神論者の母数の差について指摘することを忘れてはいないが、しかしこの七五〇倍という数値を重く見ているわけである。

＊48　同書、一二六頁参照。

＊49　同書、一二二頁。

て、「無神論」という言葉は一神教文化における「無神論（瀆神論）」として使うのが本来的であり、「日本的無神論」は「無神論」ではない。自分の立場を「無神論」という言葉によって認識している人も、神を冒瀆して消し去ろうとする過激な思想を持っているわけではない。

日本人の多くはおそらく「無神論」ではなく「無宗教」である。しかし、読者の方はもうお気付きだと思うが、この「無宗教」という言葉の内実は、「無・宗教」ではなく「有・宗教」である。

日本人が「宗教」という言葉によって思い浮かべるイメージは、「神」「教祖」「信者」「教団」「戒律」といったものであろうが、これらの概念は創唱宗教にはあてはまるが、自然宗教にはあてはらない場合がある、ということもすでに理解していただけているだろう。

日本人の多くは「バチ」を恐れ、「ツキ」に喜び、「お守り」を大切にする日常生活を送っているが、その当人からしてみると、「神」「教祖」「信者」「教団」「戒律」などだけが「宗教」であるから、「バチ」や「ツキ」はべつに「宗教」でもなんでもない。だから、日本人は自分のことを「とくに何か信仰心を持つわけでもないし、神を信じているわけではない」という意味で「私は無宗教である」と考えているはずであるが、客観的に見た場合、この「無宗教」の実質は、「無自覚的な自然宗教」に他ならない。「バチ」「ツキ」「お守り」は「無自覚的な自然宗教」に関わっているものの典型だといえるからである。

さて、本章では創唱宗教や自然宗教、啓示宗教といった「類型」を紹介したが、そういった「類型」を用いることによって、宗教についていろいろ見えてくるものがあったと思う。とくに宗教といえば創唱宗教のことをイメージしていた読者にとっては、「自然宗教」という概念は宗教に対する考え方の幅を確実に広げるものであるのではないだろうか。こういった「類型」について学ぶことは、宗教というものを深く理解することにつながるだろう。いろいろな「ならいごと」でも「型」が重要であるのと同じである。

そこで次章では「類型」をテーマにして、いろいろな宗教を分析してみることにしよう。宗教について一段と掘り下げることができるはずである。

第6章 宗教の「型」を学ぶ

1 宗教をタイプ別に分ける
2 有神的宗教の超越的存在者①―アニミズム的宗教・多神的宗教の場合
3 仏像の味わい方
4 有神的宗教の超越的存在者②――神的宗教の場合
5 宗教進化論
6 無神的宗教としての仏教
7 無神的宗教としてのアニマティズムなど
8 汎神的宗教
9 草木国土悉皆成仏
10 神は大便にも宿る
11 神秘主義的宗教
12 預言者的宗教
13 すくい型／つながり型／さとり型
14 類型論の意義

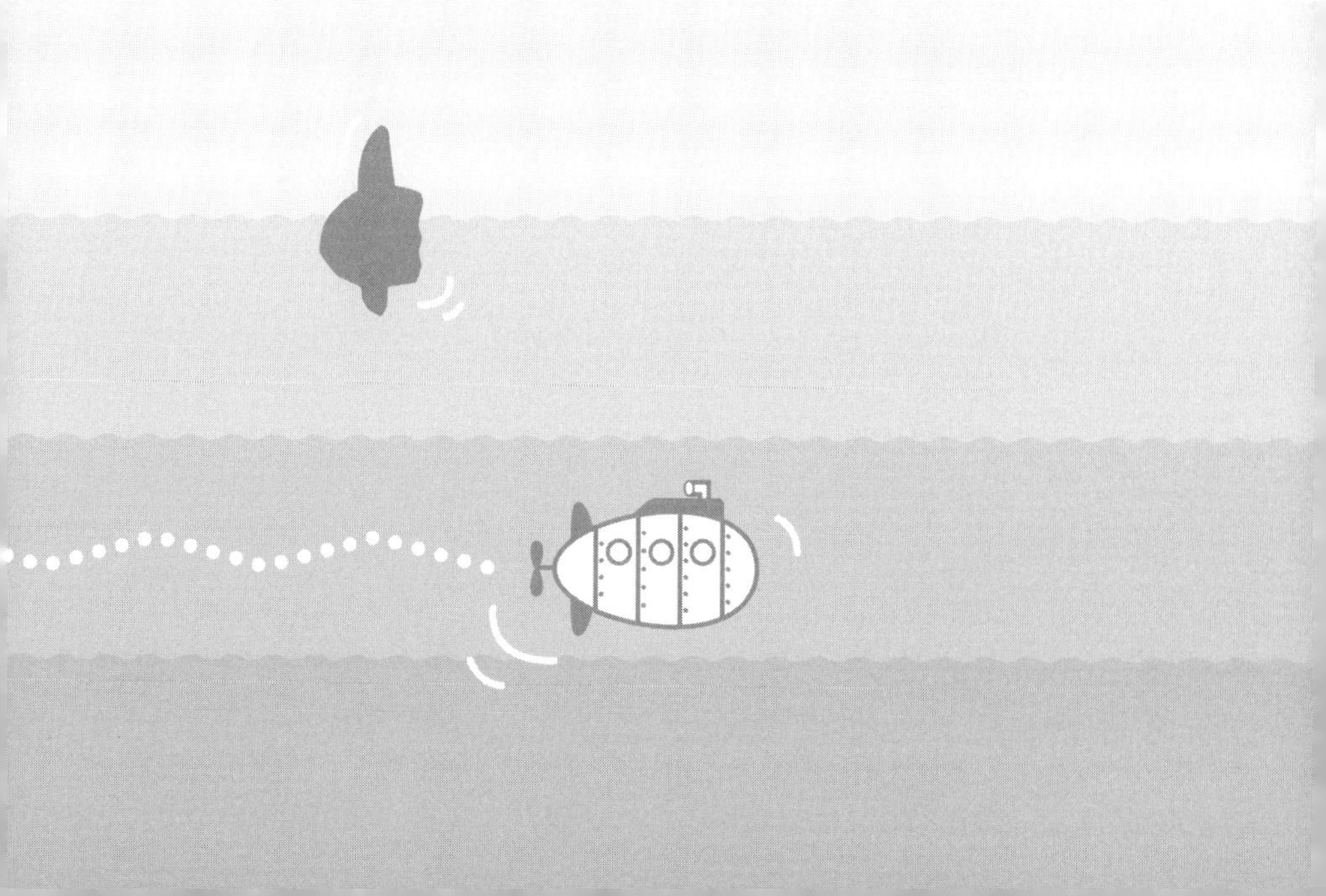

ネム船長の羅針盤

いろいろな「型」を学ぶことで、これまで見えてこなかったものが見えるようになる。「型」があるからこそ、ものごとを深く考えることができる。「型」は固定観念を作るどころか、人を自由にする。

「〝カタ〟がなくて、お前に何ができるっていうんだ？」

……桜木建二（ドラゴン桜）

1　宗教をタイプ別に分ける

ここまで本書を読み進めてきたなら、すでに宗教の多様性についてかなり理解が進んでいると思う。本章では、仏教・イスラム教・ヒンドゥー教・キリスト教・神道・アニミズム的宗教などといった世界中の諸宗教をタイプ別に分類してみることにしよう。その宗教の持つ特徴が浮かび上がってくるはずである。

分類の仕方にはいろいろなものが提案されており、それぞれに宗教というものの理解に資するところがあると思う。本章では以下の三つの分類について紹介したい。

①有神的宗教／無神的宗教／汎神的宗教
②神秘主義的宗教／預言者的宗教
③すくい型宗教／つながり型宗教／さとり型宗教

もちろんこれら三つがすべてではないし、前章で紹介した「自然宗教／創唱宗教」「自然宗教／啓示宗教」という類型についてももっと考察すべき点があるし、「民族宗教／世界宗教」という類型も重要なのであるが、入門書としてはここまでやっておけばまずは十分であると思う。不足分は読書ガイドの文献で適宜補ってほしい。

では、有神的宗教・無神的宗教・汎神的宗教という類型について概観していくことにしよう。有神的宗教・無神的宗教は何らかの超越的な存在に関わる宗教であり、無神的宗教はそういった存在を想定しない宗教、そして汎神的宗教は「世界そのものが神である」という理解を行うタイプである。まずは有神的宗教からみていこう。

2　有神的宗教の超越的存在者①―アニミズム的宗教・多神的宗教の場合

まず、有神的宗教には当然ながら何らかの神或いは神的な存在としての超越的存在者が関係しているので、各宗教にどのような超越的存在者が見られるかをざっと書き出してみたい。まず、有神的宗教の中でもとくに「多神的な宗教」について思いつくままに列挙してみる。なお、ここに書き出す「多神的な宗教」にしても「超越的存在者」にしても、それらはほんの一例にすぎないので、これですべてだなどと決して思わないように。

●アニミズム：精霊、死霊、鬼、デーモン、ジン、妖怪など
●古代エジプトの宗教：オシリス、イシス、アメミト、アモンなど
●古代ギリシアの宗教：ゼウス、アポロン、アフロディーテなど
●ヒンドゥー教：ブラフマー、シヴァ、ヴィシュヌ、ガネーシャ、カーマなど
●ゾロアスター教：アフラマズダ、アンラマンユ、スプンタマンユ、ミスラなど
●神道：イザナギ、イザナミ、アマテラス、スサノオ、東照大権現、豊臣秀吉など
●仏教：大日如来、釈迦如来、弥勒菩薩、不動明王、帝釈天、阿修羅、金剛力士など
●道教：玉皇上帝、寿老人、太上老君、秦の始皇帝、孔子、関羽など
●キリスト教：ヤハウェ、イエス・キリスト、聖霊、マリア、聖人など
などなど

これらの神格はそれぞれに個性があって、一つ一つ解説すると面白いのであるが、膨大な分量になることは目に見えているのでここではいくつかの注釈だけにとどめたい。まずはアニミズムの「ジン」であるが、これはイスラム教が広まる以前からアラビア半島で人々に信じられている精霊・妖怪の類である。

また、神道の「豊臣秀吉」や道教の「秦の始皇帝・孔子・関羽」は当然ながらもともとは歴史上の一人の人間であるが、死後に神として祀られて人々の信仰を集めているものである。神道の「東照大権現」についてはご存知の方も多いかもしれない。もともとは徳川家康である。つまり、これも死後に神格化されたケースである。

私が個人的に面白いと思うのは、ゾロアスターの「ミスラ」である。これはどうやら仏教の「弥勒（ミロク）」の元ネタでもあるらしいが、この「ミロク」が沖縄では「ミルク」として信仰されているのである。[*50] ゾロアスター教はイランの民族宗教であるが、その神格が日本の沖縄で形を変えて信仰されているのがとても興味深い。

このような仕方で個別の解説を延々と続けるのも個人的には楽しいのであるが、読者が飽きてしまう前に切り上げよう。あと一つだけ言わせてほしいのは、キリスト教についてである。キリスト教はもちろん理念的には一神的宗教なのであるが、すでにお気づきのように私は「多神的」という扱いをしている。というのも、ご覧のようにいくつもの神格があるからである。

列挙した最初の三つ（ヤハウェ、イエス・キリスト、聖霊）については、説

弥勒菩薩（ネム母の私物　撮影：根無京子）

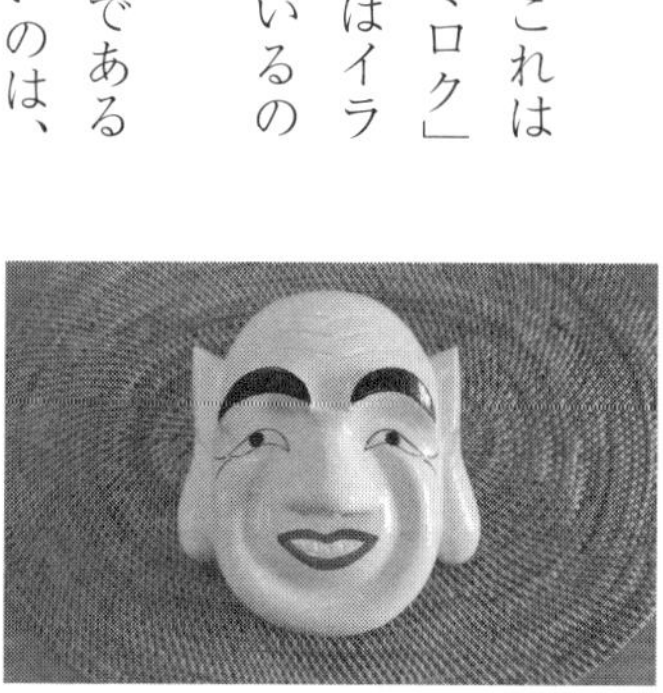
ミルク神（著者私物）

＊50　「ミルク」とは牛乳のことではなく、「ミロク」の「ロ」が「ル」に変化した方言である。沖縄では母音の「オ」が「ウ」に、「エ」が「イ」になるので、例えば「コメ（米）」は「クミ」になる。

明すると少し込み入った話になるので、ここではマリアと聖人についてだけ話しておく。マリアはイエスの母であるが、イエスという名前の個人を「キリスト（救世主）」として信仰するのがキリスト教であるので、「救世主としてのイエス＝神」の母であるマリアもまた神的なる存在者としてのステイタスを獲得するにいたって、信仰を集めている。

また、「聖人」ももともと歴史上の一人の人間であった場合が多いが、時代を経て信仰されるにいたったタイプである。「聖人」はかなりの数に上り、*51 たとえば「交通安全の聖人クリストフォロ」「失せもの聖人アントニオ」「咽喉を守る聖ブラジオ」などのほかに、職業別にも「医者にはルカ」「主婦には聖アンナ」「植木屋には聖ドロテア」といった聖人が並び、ホームレスにも「聖アレキシオ」がいる。こうなってくると、状況は日本の八百万の神と同じように見えてくる。むしろ、どういう力を持っているのかわかりにくい日本の神々よりも合理的に信仰を集めることができそうで、事実、日本でも「聖人アントニオ」に祈って「失せもの」を奇跡的な仕方で見つけた事例があるらしく、「聖人」の力にすがる人々が存在することにも納得がいく。

このように、キリスト教内部の人にとっては当然キリスト教は一神的なのであるが、客観的に見れば多神的に見える場合もあり、これはちょうど日本人が自分を無宗教だと思っていても外国の人から見れば篤い信仰心によって生活を営んでいるように見えるのと同じである。「比較」という作業は自分を相対化するために重要であることが改めてよくわかるだろう。

＊51　安斎伸「キリスト教と現世利益」（日本仏教研究会編『日本宗教の現世利益』大蔵出版、一九七〇年）には六〇ほどの「聖人」が紹介されている。

聖ルカ（医学の守護聖人）

3　仏像の味わい方

ところで、読者の中にはお寺に行って仏像を見るのが好きな方もおられると思う。私も例にもれず好きで、機会があれば見に行くのであるが、恐らく私はかなり独特な見方をしていると思うので、本論から少し脱線してネム流の個人的仏像鑑賞法について紹介しておきたい。ポイントは二つ、「筋肉」と「お堂」である。

「筋肉」については、私自身体を鍛えるのが趣味なので、筋肉がかっこいい仏像を見るとつい「あの大胸筋の分厚さ！」とか「三角筋の盛り上がりがすごい！」とか、興奮してしまうのである。というわけで、決してこれまでそれほどたくさん見てきたわけではないが、現段階で一番筋肉がかっこいいと思う仏像は、京都市の三十三間堂《さんじゅうさんげんどう》にある金剛力士（仁王）である。三十三間堂はお堂にびっしりと並んだ千体の千手観音像で非常に有名なお寺であり、もちろん私もその壮観な観音像群が好きなのであるが、私にとってはこのお堂のナンバーワンは観音像の前に置かれたこの仁王さんである。

私はむかしからどうも芸術を見る目がないので、こういう仏像の見方は邪道かもしれないが、楽しいのでそれでいいと思っている。「イケメン」とか「手が綺麗」とか「セクシー」とか、なんでもいいので自分なりの着眼点を持つと、仏像がぐっと身近になると思う。

金剛力士（三十三間堂）
出典：仏像リンクＨＰ

二つ目の「お堂」は、ギャグのような「筋肉」とは違って、仏像はお堂とセットで見るべきだという真面目な立場である。私は仏教美術やその歴史にも疎いので、もしかするとこれは当たり前のことなのかもしれないが、仏像は本来しかるべきお堂の中に存在すべきであって、どこに置かれてもいいわけではないと思う。たとえば、奈良の興福寺には非常に有名な国宝の仏像がゴロゴロあるが、それらは博物館のような建物である「国宝館」の一室に、場合によってはガラスケースの中に入れられて、展示されているのである。阿修羅像や仁王像といったすばらしい国宝も、こうやってお堂から切り離されると台無しだと私はつい思ってしまう。*52

いつだったか、あるお寺で三十三年に一度だけ見ることができるという「秘仏」が公開されると大々的に宣伝されていたので見に行ってみたら、例によって「切り離し」が行われていて失望したことがある。こういう「切り離し」を私は野暮どころか野蛮とさえ思う。仏像の生命をないがしろにしていると感じるからである。

この点で、興福寺の「国宝館」の隣にある「東金堂」はすばらしい。安置されたいくつかの仏像自体の「価値」は「国宝館」の諸仏や「秘仏」に劣るのかもしれないが、そんなことは私にとってはどうでもよい。お香の煙がたちこめて視界がうっすらと白く霞み、またその匂いが充満するこのお堂の中は、ほのかに入り込む太陽光が絶妙な陰影を作り出している。こういう雰囲気の中で仏像を見ることこそ、私にとって最高の仏像体験をもたらしてくれるのである。

*52　少しだけ理論的な話をすると、こういう「切り離し」の事実は、存在者はそれ自体ほかのものと一切関わらずに「単純に隔在」しているという考え方に基づいており、この考え方は現代に生きる人々が基本的に前提している科学的世界観に由来するものである。科学的世界観とは、世界を機械的な物質として把握する世界観であり、自然を構成する「各部品」の交換が可能であると考える立場であるといってよい。だから、全体から一部を切り取っても、その一部が切り取られただけで、残りに対しては何の影響もないという理解の仕方になる。部品を取り換えれば済むと考えるからである。しかしこれは抽象化された物の見方にすぎない。現実的・具体的な全体はその内部において有機的に複雑に関係しあっているゆえに一部の変化が全体の変化を誘発するという真理を理解するためには、この科学的世界観のために歴史上かつてなかった規模とスピードで自然破壊が引き起こされてしまった残念な現状を想起してみればよいだろう。アメリカの哲学者ホワイトヘッド（一八六一～一九四七）はこの「単純隔在」という科学の考え方の問題性をすでに一〇〇年前に指摘し、この「単純隔在」が事物の真の在り

こういうすばらしいお堂はほかにもいろいろあるが、オススメのお寺などを語りだすとまた長くなってしまうので、このあたりでやめておくことにし、神格の話に戻ろう。

4　有神的宗教の超越的存在者②——一神的宗教の場合

では次に「一神的な宗教」の神格を概観し、いくつかの簡単な注釈を行うことにしよう。

●ユダヤ教：ヤハウェ
●キリスト教：ヤハウェ
●イスラム教：アッラー（ヤハウェ）
●神道：天照大神
●仏教（浄土真宗）：阿弥陀如来
●古代ギリシアの宗教：ゼウス
●古代エジプトの宗教：アトン
●ヒンドゥー教：ブラフマー、シヴァ、ヴィシュヌ、インドラなど
などなど

これらを見て読者がまず気になるのは、イスラム教の「アッラー（ヤハウェ）」

方だと誤認することを「具体者置き違えの虚偽（fallacy of misplaced concreteness）」と呼んでいる（ホワイトヘッド（上田泰治・村上至孝訳）『科学と近代世界』松籟社、一九八一年（原著は一九二五年）参照）。仏像とお堂を切り離してなんとも思わないとすれば、それはこの「具体者置き違えの虚偽」の科学的思考がいかに強力にわれわれの日常に入り込んでいるかということの証拠であると私は思う。

だろう。イスラム教の神はユダヤ教とキリスト教の神と同じなのか？と思ったに違いない。そう、同じなのである。アッラーという言葉はアラビア語であるが、これは「アル」という定冠詞（英語だとthe）と「神（god）」を意味する一般名詞「イラーフ」がつづまってできた言葉で、要するに「the god」という意味であるから、固有名詞ではない。とすると、問題はこの「the god」という言葉がどういう神を指示しているかということになるが、それは「ヤハウェ」なのである。

イスラム教を興したムハンマドの問題意識は、ユダヤ教も、そこから派生したキリスト教も、歴史の過程で歪んでしまい本来の状態が失われてしまったので、もとに戻さなければならない、というものである。[*53]「イスラム」とは「服従・帰依」、「ムスリム」とは「服従・帰依した人」である。イスラム教の聖典『コーラン』は、ユダヤ教の歴史の始点に位置するアブラハムの信仰心を次のように讃えている。

よいか、イブラーヒーム（アブラハム）はユダヤ教徒でもなかった、キリスト教徒でもなかった。彼は純正な信仰の人、全き帰依者（ムスリム）だったのだ。

……『コーラン』第三章六〇節[*54]

神に帰依することにこそ本質的な重要性があるのであって、それが何教であ

＊53　この点については、井筒俊彦『イスラーム生誕』中公文庫、二〇〇三年が勉強になる。

＊54　『コーラン』は井筒俊彦訳の岩波文庫版に依っている。

るかは関係ないということの言葉が私は好きなのであるが、ともかく、ここからわかるように、そして意外に思われるかもしれないが、ユダヤ教もキリスト教もイスラム教も同じ神を信仰しているのである。

次に、ユダヤ教・キリスト教・イスラム教が一神的であるというのはよいとしても（キリスト教についても本来は一神的であるとして理解しておられるだろうから）、それ以外にはついては奇妙に思われるかもしれないので、この点について指摘しておこう。たとえば、すでに見たように仏教には「阿弥陀如来」以外にもたくさんの神格がある。しかし、浄土真宗は「阿弥陀如来」への絶対的な帰依を本質とする宗派であって、その限りで「阿弥陀如来」を信仰する一神的宗教の在り方をしていると見ることができる。

神道のアマテラスや古代ギリシアのゼウスについては少し事情が違っているのであるが、いずれも多神的な宗教にあって一神的宗教における唯一神のステイタスと同じような神格とも考えることができる。どういうことか、この説明だけではわかりにくいと思うが、次節を読めばおわかりいただけると思う。

5　宗教進化論

ここまで、アニミズム的宗教・多神的宗教・一神的宗教の神格を見てきたわけであるが、それらの宗教・神格を歴史的に発展してきたものとして捉える宗教進化論という考え方がある。もともと宗教学という学問は十九世紀に誕生した新しい学問であるが、もちろんその初期の担い手は西洋人だった。だから、キリスト教を最も優れた宗教であるとする前提のもとに、宗教は原始的な段階（たとえばアニミズム）から発展して最終的には一神的宗教にいたる、というような宗教進化論の考え方が早い段階で提示されたわけである。*55

あくまで西洋中心的な概念である点にはくれぐれも注意が必要であるが、いまでもこの進化論はそれなりに宗教理解のヒントを与えてくれるように思う。とくに、前節で触れた「多神的な宗教にあって唯一神のような在り方をしている神」について、うまく説明してくれるように思うので、宗教進化論についてここで紹介しておくことにしよう。

まず、一般的に宗教進化論が想定する第一段階の宗教は、各種の精霊や妖怪などの霊的存在を信じるアニミズムの段階である。それらの霊的存在が発展し、たとえば何らかの特定の職能を持つようになると人格化・個性化が進み、そこに神の観念が成立すると宗教進化論は考える。この理論でいくと、たとえば、ピカピカゴロゴロと光って鳴る自然現象の背後に何らかの霊的存在を見ていた始原的段階がまずあり、やがてその霊的存在を「カミナリ様」として個性化して、「鳴る」をつかさどる「神」すなわち「鳴神（ナルカミ）」として理解するところに、神観念が成立するということになろうか。

このような進化過程の文脈では当然多くの神が並び立つことになるだろう。こうしてアニミズムから多神教（polytheism）が成立することになる。古代エジプトや古代ギリシア、古代インド、古代日本などにおける宗教はみな多神的

*55　タイラーやマレット、ミュラー、ティーレ、フレーザーなどもこの立場に与している。

宗教である。

さて、多神崇拝の世界観の中ではもともとは複数の神々が同じ身分で並立していたかもしれないが、やがて「この神の方があの神よりもご利益《りやく》がある」といったような経験に基づいて神々の間にも上下関係が発生することになる。こういった階層的な序列は「最高神」という概念を生み出すだろう。

多神の世界でトップに君臨し、ほかの神々を統括する「神々の王」ともいえる性格を有する神観念がこうして生まれることになると宗教進化論は考える。こういうタイプの宗教を「単一神教（henotheism）」という。たとえば、古代ギリシアや日本の場合が典型で、前節で取り上げたように古代ギリシアではゼウス、日本の八百万神の中ではアマテラスが最高神に相当する。

単一神教における最高神は固定的な場合もあるが、時と場合によって変化する場合もあり、そういった形態のものを「交替神教（kathenotheism）」という。たとえば古代インドではヴァルナ、アグニ、インドラなどがトップの座についていたといえるようである。現代インドにおけるヒンドゥー教においても、シヴァとヴィシュヌに人気が集中しているようなので、[*56] 長い目で見るとこれも一種の交替神教の様相を呈しているといえるかもしれない。

最高神や交替神という概念は、宗教進化論の文脈から独立して用いられても有効だろうと思う。前節の「多神的な宗教における唯一神のようなステイタスの神」も、この概念によってうまく説明がつくからである。

さて、最高神の観念を持つ単一神教或いは交替神教がさらに徹底されると、

＊56　実際には、シヴァ教やヴィシュヌ教と呼んだ方が適切であるほど独立した宗教体系を持っており、それぞれがそれぞれの宗派内にさまざまな分派を持っている（『ヒンドゥー教の本』学研プラス、一九九四年、七〇頁参照）。

最高神以外の神々はもはや神の名に値しないということになるだろう。ほかの神々は最高神に支配されており、明らかに能力的に劣るからである。こうして「一神教（monotheism）」が成立する。ユダヤ教、そしてユダヤ教から派生したキリスト教、さらにはユダヤ教とキリスト教の影響を大きく受けて、それらの延長上に成立したイスラム教が一神教の典型である。

以上のように諸宗教を「進化」という観点から記述してみると、たしかに一定の説得力があるように思うが、こうした「進化論」は、すでに述べたようにキリスト教の立場から提出された偏った概念である点を忘れてはいけない。というのも、「進化論」に組み込まれている宗教はすべて「有神的宗教」であって、神格を前提にしない「無神的宗教」への理解がまるで不十分だからである。

そこで、次に無神的宗教について見ることにしよう。

6　無神的宗教としての仏教

すでに何度か触れているように、仏教を創始したゴータマはその理論と実践の枠組みの中に神格に相当するものをまったく含めていないのであった。縁起・四諦・八正道という仏教の中心的な教えは、人間が自力で正しい修行を行って修練を重ね、自力で悟りを得て解脱することを目指すために説かれたものであったことを思い出そう。神を信仰し、神へ祈りを捧げる、といったキリスト教的な雰囲気がまるでないのが仏教本来の形なのである。

「神仏」という言い方が一般によくなされており、神と仏は同じような類の超越的存在者として理解されているが、「仏＝ブッダ」とは本来的には「神」とはまったく異なるレベルの概念であり、「悟った人・目覚めた人」のことである。「神」ではなく「人」なのである。肝心の悟りの内容とは何かといえば、すでに述べたようにそれは「縁起」についての真理（ダルマ＝法）である。従って、「仏」は「人」である上に、そこには神観念も一切関わっていないのである。

もっとも、たとえばブッダとなった実在の人間であるゴータマは、彼の事績を伝える口頭伝承（神話的表現が用いられる）を通して神格化され、「釈迦如来」として崇拝対象になっていく。こうして人々が祈りを捧げるといった営みが仏教内でも定着していくので、このような形態の仏教は有神的宗教だといえる。

少しだけ脱線すると、ゴータマが悟った「ダルマ」とは、絶対的・普遍的な真理であって、ゴータマがそれを悟るか否かにかかわらず、永遠の昔からずっと存在しているとされるものである。だから、もしかすると、誰にも話さず自分の中だけに留めておいたがゆえに知られていないだけで、ゴータマ以前にも「ダルマ」を悟った人がいた可能性もあることになる。事実、ゴータマ自身が悟りをひらいたときにまず考えたのは、この真理を誰かに語っても誤解されるだけだから自分の中に留めておこうということであった。

ともかく、「釈迦如来」以外にも超越的存在者はたくさんいるかもしれない。というわけで、たとえば、ゴータマの次に悟りをひらくとされるのが「弥勒菩薩」で、現在は修行中の身であるが、五六億七〇〇〇万年後に「弥勒如来」になるというような思想も現れ、仏教における超越的存在者がさまざまに成立することになる。*57

現在日本で大きな勢力を持つ仏教の宗派は浄土真宗や浄土宗であり、それらは「阿弥陀仏」への信仰を軸にする有神的宗教としての性格を強く持っている。この二つは鎌倉時代に日本で興った宗派であるが、いま述べたように現在でも大きな勢力を保っているので、なんとなく仏教を有神的宗教のように考えてしまうが、本来の仏教はまったく有神的ではなかったのである。

7　無神的宗教としてのアニマティズムなど

無神的宗教としては、ほかにもたとえばアニマティズム（プレアニミズム）を挙げることができる。アニミズムは自然や現象の背後に人格的な存在を想定するが、そういう存在を前提せずに非人格的な力の不思議な働きという観念を軸にしているアニマティズム的宗教は、仏教とはまた一味違う無神的宗教だといえるだろう。

すでに指摘したことであるが、パワースポットはアニマティズム的宗教の好例であるように思うし、ほかにも、日本人はたとえば「縁起が悪い」という概念にかなり影響されるように見えるが、これもなんらかの非人格的な超自然的作用の存在に対する一定の態度であるともいえるだろう。

日本では通夜や葬式を「友引」の日に行うこと避ける強い傾向があり、葬儀

*57　日本でも、五六億七〇〇〇万年後に現れる弥勒菩薩の助けとなるために空海（七七四～八三五）が高野山の奥之院でいまも生き続けているという信仰がある。

場が定休日になっていたり、葬儀を行う場合でも「友引人形」[*58]が用いられたりして、特別な配慮がなされる場合がある。また一般に、葬儀が終わると参列者には塩が配られ、体に振りかける人が多いが、これは葬儀のときに付着した「ケガレ」を振るい落とすことに狙いがある。「ケガレ」を付着させたまま帰宅するのはよくないという漠然とした不吉感も、塩を振りかければ得られる安心感も、霊的存在を前提しないタイプの宗教的心情であるといえるだろう。

さらに、仏教やアニマティズムとも違うタイプの無神的宗教もある。たとえば、アメリカの哲学者ジョン・デューイ（一八五九〜一九五二）は「宗教（religion）」と「宗教的なもの（religious）」を厳密に区別して後者の「宗教的なもの」の意義を強調するが、これも要するに無神的宗教といえる。彼によると、「宗教」は現代においては形骸化してしまっているし、科学の進歩が「宗教」の空疎な面を明らかにしており、率直に言って「もはやついていけない」ものに成り下がってしまっている。

しかし、依然として「宗教的なもの」の方は重要であり、それは一人一人が人類的な理想にめざめて命を燃やして生きる生き方そのものである。この生き方を導くのが、特定の神や教団とは無関係な各人の「コモンフェイス（誰でもの信仰）」であるとデューイは言っている。理想的生活それ自体の中に宗教があるというわけで、この「宗教的なもの」は神を必要としない無神的宗教の性格を持つものであると理解することができる。

＊58　葬儀を友引の日に行うと「友を引く・友を道連れにする」という考えからこの日を避けるわけであるが、やむを得ず友引の日に葬儀を行う場合は、あらかじめ「死へと引き込まれる役目」を負った「友引人形」を用意し、それをひつぎの中に入れることがある。この「友引人形」は葬儀会社の側で準備している場合もあれば、遺族側が故人の気に入っていたぬいぐるみなどを持参することもある。

ここに宗教信仰に必要なすべての要素が、宗派や、階級や、民族に、制限されることなく、存在する。かくの如き信仰は、常に暗黙の中には、人類にとって、共通な、誰でもの信仰であった。それを、もっと鮮明にし、もっと溌溂とさせることが、残された仕事である。

……『誰でもの信仰』（一九三四年）*59

*59　ジョン・デュウイー（岸本英夫訳）『誰れでもの信仰――デュウイー『宗教論』』春秋社、一九五六年（初版は五一年）、一三三頁。

8　汎神的宗教

さきほど紹介した「宗教進化論」では、宗教は「アニミズム」→「多神教」→「単一神教・交替神教」→「一神教」という「進化」を遂げるものとして扱われていたが、「多神教」から「一神教」のほかに場合によっては「汎神的宗教・汎神論（pantheism）」へと移行するという見方もある。「汎神論」とは神と被造物の間に断絶がなく、神がいっさいの事物に宿っており、いっさいの事物がそのままに神であると考える立場である。

このようであるから、汎神的宗教は神を超越していると見るのではなく、万物の中に内在していると考える。日常的な感覚では「超越」という概念の反対は「低級」のような概念かもしれないが、哲学的な文脈においては「超越」の反対は「内在」である。

さて、アニミズムやアニマティズムには汎神論の傾向がみられることはなんとなくわかるだろう。たとえば日本の場合、事物の背後にさまざまな神を見てそれらを八百万神と表現してきた伝統があり、いかにも汎神論という趣があるが、その内実を検討してみると実は汎神論とはいえないことがわかる。

というのも、本当に万物のすべてに神を見ていたわけではないからである。「神＝万物」という世界観を持っているのが汎神論であるから、たとえば人間全員を一人残らず神と観ることになるが、日本の伝統は決してそのような神観念を持ってはこなかった。この点は江戸時代の優れた学者として有名な本居宣長（一七三〇〜一八〇一）による神の定義が参考になるだろう。

尋常《ヨノツネ》ならずすぐれたる徳《コト》のありて、可畏《カシコ》きものをカミとは云なり。すぐれたるとは、尊きこと、善きこと、功《イサオ》しきことなどの、優れたるのみを云うに非ず。悪しきもの奇《アヤ》しきものなども、よにすぐれて可畏きをば、神と云なり。

……『古事記伝』（一七九〇年）[*60]

この定義からよくわかるように、なんでもかんでも神であるわけではなく、「尋常ではないもの」のみが神であるから、これは汎神論ではなく多神的宗教の世界観であるといえる。

このように、日本の伝統的な八百万神の世界観は汎神論ではないのであるが、とはいえ、日本で見られる一部の仏教はまさしく汎神的宗教であるから、それについて簡単に紹介しておこう。

＊60 本居宣長『古事記伝』倉野憲司校訂、第一巻、岩波文庫、一九四〇年、一七二〜一七三頁。

9　草木国土悉皆成仏

日本では平安時代に中国へ留学した最澄が日本に持ち帰った天台宗（本山は比叡山の延暦寺）が当時の日本仏教の中心となったが、鎌倉時代になると、天台宗の「一切衆生悉有仏性《いっさいしゅじょうしつうぶっしょう》」の教義を独自に発展させ「草木国土悉皆成仏」を主張する一派が現れた。現代ではこれを天台本覚論《てんだいほんがくろん》と呼ぶことが慣例になっている。*61

「一切衆生悉有仏性」とは、生きているものすべてに「仏性（＝悟りの可能性）」が備わっているという思想である。仏教では輪廻転生の前提があり、次はどの世界に生まれつくか、それとももはや生まれ変わりはない（解脱する）かということが問題になるが、解脱のために必要とされる徳の量は次の生をもってしても絶対的に不足しているという場合もあるので、「一生懸命修行しても、この人生では悟れないことが最初から決まっている人」が存在するという理解が行われていた。つまり、そのような人には「仏性がない」というわけである。しかし天台宗はそのような考えを否定し、すべての人・生き物に仏性が備わっていると主張したのである。

この「一切衆生悉有仏性」の思想が言っているのは「悟りの可能性」であって、「悟りの現実性」ではないが、やがて「悟りの現実性」を強調する立場が現れることになる。それが「草木国土悉皆成仏」、つまり「万物が一つ残らずすで

＊61　天台本覚論については末木文美士『日本仏教史――思想史としてのアプローチ』新潮文庫、一九九二年にすぐれた解説がある。

に悟りをひらいている、、、、、、、、、」という考え方である。こうなると、まぎれもなく汎神論的であるだろう。「悟りをひらいたもの」は超越的存在者であるから、世界のすべてが超越的存在者であることになるからである。

ちょっと脱線すると、「草木国土悉皆成仏」の思想はアニミズムとして理解されることが多いようだが、その内実はまるで違う。アニミズムはたとえば岩や水の背後に霊的存在を見るので、岩や水もその霊的存在とセットになって「生きているもの」として把握されることになる。つまり、「生命に溢れる自然観」がアニミズムである。

しかし、天台本覚論は非生命はそのありのままの非生命として悟りをひらいていると考えるので、決して「生命に溢れる自然観」を説いているわけではないのである。*62

10　神は大便にも宿る

このように考えると、汎神的宗教とひとくちに言っても、アニミズムのような「生命充満型」もあれば、天台本覚論のような「ありのまま型」もあって、強調点が違うということになるだろう。ほかには、たとえばキリスト教に関してもイタリアの哲学者ジョルダーノ・ブルーノ（一五四八〜一六〇〇）のように神を「産む自然（natura naturans）として規定し、自然の能動性そのものを神として把握する立場もあるし、ユダヤ教に関してもオランダの哲学者バルフ・デ・

*62　この論点は、私の指導教官である京都大学大学院教授の安部浩先生から学んだ。

スピノザ（一六三二〜一六七七）のように自然を神の一つの現れ（様態）として見て「神＝自然（Deus sive natura)」とする考え方もある。これらはどれも似ているが強調点が微妙に違っているといえるだろう。

最後に中国の場合も見ておこう。中国では孔子（BC五五一〜四七九）や孟子（BC三七二〜二八九）で有名な儒家にしても老子（生没年不明）や荘子（BC三六九〜二八六）で有名な道家にしても、宇宙の根本法則としての「道《タオ》」を重視する思想を展開した。「道」とは「天道」の略であるが、もともとは人格神として崇拝されていた「天」が非人格化して「天道・天理」という「真理」のようなものになった。要するにこれが「道」である。教育や知恵を重視する儒家とそれらを排除しようとする道家では立場が正反対なのであるが、ともに「道」を重視した点では同じであり、そしてともに汎神的な性格を帯びている。

孔子の言葉を見ておこう。ちなみに、孔子といえば『論語』であるが、これは孔子が書いた本ではなく、弟子によって編纂された孔子の言行録である。仏典や福音書もそうであって、ゴータマが『仏典』を書いたのではないし、イエスが『福音書』を書いたのではない。

天何をか言わんや。四時行なわれ、百物生ず。天何をか言わんや。
（天は何を語るだろう。それでも四季は運行し、万物が生育する。天は何を語るだろう。）

……『論語』陽貨篇一九[*63]

*63 『世界の名著 孔子／孟子』中央公論社、一九六六年、三四九〜三五〇頁。

天は自然の外にあって命令を下すような人格神ではない。天は何も話しはしないが、四季の正しい運行と万物の生育とによって、規則性を示している。自然に内在するこういう法則そのものが天であると孔子は言っているわけである。さきほど見た「生む自然」「神＝自然」とよく似ているだろう。

道家も見ておこう。荘子（BC三六九～二八六）のユニークな言葉を紹介したい。


東郭子《とうかくし》が荘子に問いかけた。

「道というものは、どこにあるのかね」

荘子は答えた。

「どこだって、ないところはひとつもないよ」

「もう少し、どこそこにあると限定できないものかね」

「道は螻《けら》や蟻にだってあるよ」

「ひどく下等なものにもあるんだな」

「いや、稊《のびえ》や稗《ひえ》にだってあるよ」

「いよいよ下等になってきたものだな」

「いや、屋根瓦や敷き瓦にだってあるよ」

「下等も底なしになってきたよ」

「それどころか、大便や小便にだってあるさ」

……『荘子』知北遊篇九＊64

ケラ　出典：https://www.insects.jp/kon-kera.htm

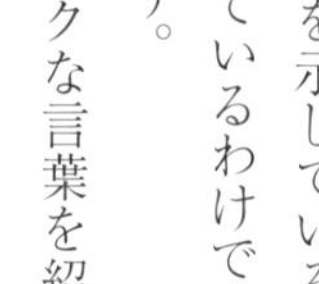

ノビエ（稲にそっくりの雑草）
出典：https://www.seikatsu110.jp/garden/gd_mowing/151922/

敷瓦（著者の実家の玄関　撮影：根無京子）

＊64 『世界の名著 老子／荘子』中央公論社、一九六八年、四五五～四五六頁。

儒家にしても道家にしても、「道＝真理」は遠いどこかにあるのではなく、日常の身近なところにあるのだと考えていることがわかる。これはとりもなおさず汎神的世界観の表れであると言えるだろう。*65

ところで、儒家と道家という言葉について補足しておきたい。儒家と儒教は同じであって、単なる呼称の違いに過ぎないといってよいが、道家と道教は別物である。詳細は省くが、道家とは老子や荘子といった思弁哲学者の学派であり、それに対して、とくに老子を神格化して祖と仰ぐ宗教が道教である。本章第二節で道教の神格を列挙した中にあった「太上老君」が神格化された老子である。「イエスやムハンマドを宗教家であると考える立場からすれば、老子や荘子はむしろ哲学者であるわけであるが、その思想内容に汎神論的な側面があるということで、取り上げた次第である。

11　神秘主義的宗教

では次に、類型②の「神秘主義的宗教／預言者的宗教」について見ていくことにしよう。神秘主義的宗教とは、神との合一や自我意識の消滅といった体験（このような体験を神秘体験という）を中心にして営まれるタイプの宗教である。「自我意識の消滅」と聞いて「？・？・？」と思った人も多いだろうから、少しだけ解説を兼ねて哲学的な話をしよう。普段われわれは「わたし」の存在を中心にして世界を経験している。たとえば、「おいしい」とか「美しい」といっ

＊65　中国の汎神論については森三樹三郎『神なき時代』講談社現代新書、一九七六年からとくに多くを学んだ。

た価値もそうであるが、それだけでなく、「ここ」「そこ」「左」「右」「あなた」「彼」といった言葉が指示する内容もよく考えてみたらすべて「わたし」が中心になっているだろう。つまり、自分が経験する世界というのは、決して客観的な、いわば「ありのまま」の世界なのではなく、「わたし」中心的な世界なのである。言い換えると、世界は「わたし」の自我意識によって原理的に歪められたものとしてしか経験できないといいえる。

ところで、「わたし」は「あなた」に対して「わたし」であるし、「彼」に対して「わたし」であるし、「左と右の真ん中に位置する」ものとしての「わたし」であるが、「わたし」を規定するためのそういったもろもろの情報はすでに「わたし」の自我意識によって歪められているわけであるから、歪んだ情報で規定される「わたし」もまた歪んでしまっていることになるという根本的な背理がここにはある。

この歪みの根は限りなく深い。「本当のわたし」という表現があるが、これは「歪んでいないわたし」のことを言っているように見えて、実のところ「歪んだわたし」と何も変わらない。なぜなら、「これこそ本当のわたしだ」という意識は自我意識だからである。そうした自我意識によってとらえられた「本当のわたし」も当然歪んでいることになろう。

「本当の自分を見つけたい」などという表現もあるが、仮に「本当の自分」が見つかったと思っても、そう思うのは原理的に「わたし」の自我意識である以上は、その「本当のわたし」は「本当の『本当のわたし』」ではないことになる。恐らく「本当のわたし」を探す人は、見つけたと思った「本当のわたし」がまだ「本当の『本当のわたし』」ではなかったと気づき、新たに「本当の『本当のわたし』」を探すことになるだろう。しかし、仮に「本当の『本当の私』」を見つけても、やはり同じ理由でその「本当の『本当のわたし』」は〈本当の「本当の『本当のわたし』」〉ではなかったと気づき、以下この「自分探し」は永遠に続くことになる。「見つけよう」とする限り、決して「見つける」ことはできないのである。「見つける」という営みを行うのは自我意識を持つ「わたし」以外にはありえないからである。[*66]

神秘主義が問題視するのはこういった根深い自我意識である。そして、この強固な自我意識を諸悪の元凶としてとらえて、その根源たる「わたし」を滅却することを目指す。しかし、この「わたし」は強固であるから簡単には滅却できない。そこで、特殊な修行が必要になってくることになる。

神秘主義はそのための修行法を組織的に持っている場合が多い。すっかり日本にも定着したエクササイズの一つにヨガがあるが、これはもともと古代インドのバラモン教（ヒンドゥー教）のヨーガ派が解脱にいたるための修行法として実践していたものである。ほかにもイスラム教ではズィクルという念仏的な方法や、セマーという旋回ダンスがそういった方法の一つとして確立されているし、禅仏教の座禅も伝統的な方法であるといえる。

ちなみに、ヨーガ派は宇宙の最高原理と自我とが本来的に同一であることを体得すれば解脱できると考えるウパニシャッド（「奥義」と訳される一群の書物）

＊66　「わたし」とは何かという問題を哲学的に考察することに関心がある方には、上田閑照『私とは何か』岩波新書、二〇〇〇年をオススメする。学部二年生のときにこの本を読んで以来、私は上田先生のファンになり、当時出版途上にあった『上田閑照集』が発売されるたびに購入して学部生の間に全十一巻を読破した。一度だけお会いしたときに頂いたサインは私の自慢である。ちなみに、サインをしてもらったのは『西田幾多郎全集』の第一巻の表紙裏である。上田先生のサインを西田幾多郎の本に書いてもらうというこのディープな幸せをわかってくれる人がいるだろうか…

の哲学をベースにしており、これはまさしく神との合一、自我滅却の神秘主義である。

　また、道家と儒家についてはすでに汎神的側面を持つ思想として紹介したが、それらは汎神的であるから「神＝私」という理解を含むことになるだろう。だから、汎神的宗教は神秘主義でもある場合が多い。

　神秘主義的宗教についてはほかにもいろいろ言うべきことがあって、とくに神の概念の内実にかなりの特色があるのだが、それは次章に譲ることにし、いまは預言者的宗教との対比によって見えてくるそれぞれの特徴を確認することにしよう。

12　預言者的宗教

　預言者的宗教とは、神からの呼びかけを受けて神の言葉を預かり、これを民に伝えて神の意志を実現しなければならないという「召命体験」を軸にして営まれる宗教である。

　預言者的宗教は唯一神を信仰する宗教に見られる場合が多く、モーセやエレミヤなどのユダヤ教、イエスのキリスト教、ムハンマドのイスラム教がその典型である。言葉を預かるためには当然神が言葉を発する必要があるので、このタイプの宗教の神は明確な人格神であり「語る神」であるといえる。それに対して、仏教の「法（ダルマ）」や道家・儒家の「道《タオ》」といった「宇宙の根源的原理」

瞑想　出典：『ヒンドゥー教の本』学研、一九九五年。

メヴレヴィー教団のセマー　出典：https://www.veltra.com/jp/europe/turkey/a/112596

禅宗の座禅　出典：http://unseiji.or.jp/zazen/inquiry.php

はいわば「無言の神」といってもよいだろう。

ほかにもいくつかの対比事項を挙げておこう。まず、神秘主義的宗教は現実世界における経験的自我を否定するので、現世というものを忌避する傾向があり、それゆえ善悪を超越するような色彩を帯びる。他方で預言者的宗教はこの現実世界を神の意志に導かれて変革し「地上における天国＝神の国」を建設しようとするので、あくまで現実的である。

また第五章で論じた、宗教によって倫理的人格を形成する点に関しても好対照を見せる。神の言葉によって倫理を基礎づける「十戒」がまさに好例であるが、預言者的宗教の場合は宗教によって倫理的人格が形成されると考える。他方で、神秘主義的宗教の場合は、すぐ上で述べたように善悪を超越する領域が目指されるから、善悪を問題にする倫理というものへの関心はそもそも薄くなる。

さらに、時間の概念においても好対照を示す。「時間」の反対は「永遠」である。これが両立場に反映しているとみることができる。神秘主義的宗教は「神との合一」体験を重視するわけであるが、神とは時間を超越した永遠なるものであるから、神秘主義的宗教は歴史の始点や終点には関心を示さない傾向がある。他方で預言者的宗教は「歴史の終わり」に、或いは「新しい歴史の始まり」に理想社会が建設されるはずだと考えるから、「時間の流れ」に敏感であるといえるだろう。

ほかにも、神秘主義的宗教では個人の神秘体験に重きが置かれるから個人主義的であるといえるが、預言者的宗教は理想社会の建設を目指すわけで、教団としての共同性が重要になるだろう。さらに、神秘体験は個人的であるから、どのような宗教であっても神秘体験という共通項によって理解し合える部分があり、ほかの宗教に対して寛容であるが、預言者的宗教の営みの基盤は唯一神の絶対的な命令にあるので、ほかの神・宗教に対しては排他的になる。

ここまで検討してきた「有神的／無神的／汎神的」と「神秘主義的／預言者的」という類型は、西洋の宗教学者によって提示されたものであり、暗にキリスト教を軸にしているような雰囲気がある。そこで、次に日本の宗教学者である岸本英夫と脇本平也が提示する類型③「すくい型／つながり型／さとり型」について見てみよう。

13　すくい型／つながり型／さとり型*67

まず、すくい型宗教は、超自然的な能力を持つ超越的存在者が苦しむ人間たちを救うという信仰を基調とするものである。すぐに思いつくのはキリスト教だろう。イエスがキリスト（救世主）であることを信じるかどうかが、クリスチャンと非クリスチャンとを区別する本質的な境界線である。

ほかにも、ヒンドゥー教の神々や仏教の諸仏・諸菩薩なども救いをもたらすものとして信仰されているし、こういった人格神以外でも、沖縄のユタや東北のイタコやゴミソといった霊能者（シャーマン）を中心とする民間信仰も、苦

＊67　本節と次節については岸本英夫（『宗教現象の諸相』大明堂、一九七五年）と脇本平也（『宗教学入門』講談社学術文庫、一九九七年）から多くを学んだ。この二冊については本書の読書ガイドも参照してほしい。

ユタ（沖縄）
出典：沖縄方言辞典ＨＰ

しむ人に救いをもたらすものであるから、すくい型に入れることができるだろう。

次に、つながり型宗教は地域や民族の先祖としての神との「血縁的関係」による結びつきが強調されるタイプである。本書において無自覚的な自然宗教として規定した日本的宗教がまずはイメージしやすいだろう。人は生まれるとその地域の神である産土神《うぶすながみ》・氏神《うじがみ》としての「祖霊神」へと血縁的につながる子孫としての「氏子《うじこ》」になると考える伝統がこの自然宗教の基底にある。氏神についてはあらためて次章で取り上げる。

日本の宗教学者である柳川啓一は「人間関係の宗教」という概念によって日本の宗教を規定しているが、これも或る種のつながり型といえるかもしれない。「私は宗教を持っていない」と言いつつも「家の宗教は〜〜です」と言う人や、村や町といった地域の神社の祭りには参加する人が多い点に柳川は着目し、日本の宗教は家や村という人間関係を基軸にし、習慣や風習と区別できないような仕方で混ざり合っていると指摘している。*68「人間関係の宗教」においては神との「血縁的関係」は背後に退いているが、これまで論じてきたように家や村で営まれる習慣や風習には無自覚的な自然宗教が溶け込んでいて、そこにはもちろん祖霊信仰が関係している。その点で「人間関係の宗教」もつながり型に含めてよいだろう。岸本・脇本の場合は「先祖と子孫」という「縦のつながり」が強調されているに対し、柳川の場合は「家や村」という「横のつながり」が強調されているというふうに整理できると思う。

神道以外でも、多くの土着的宗教はこのタイプに分類することができる。た

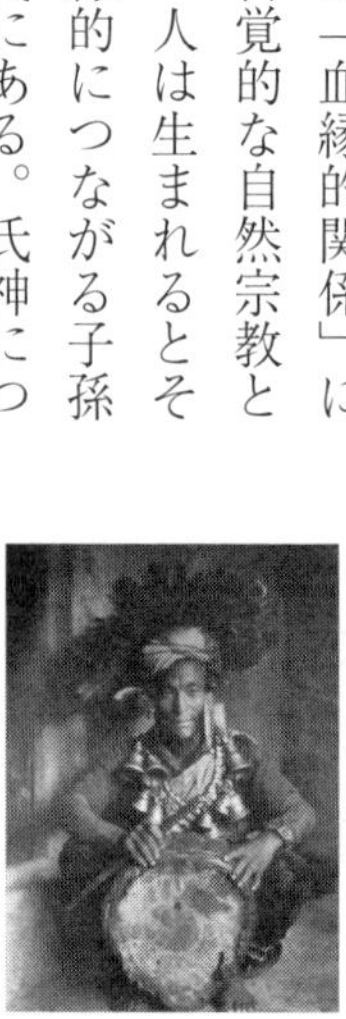
シャーマン（ネパール）
出典：『シャーマンの世界』創元社

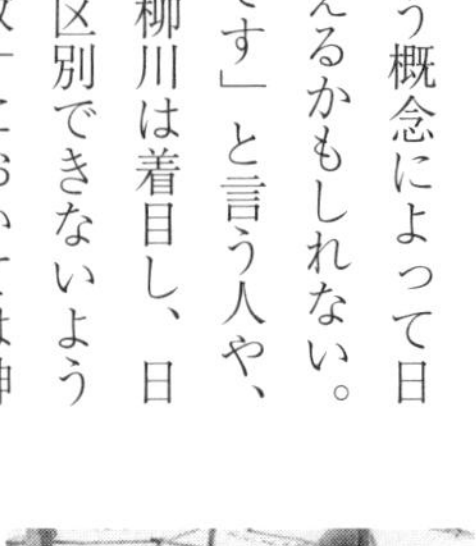
イタコ（青森）　出典：青森県庁ＨＰ

＊68　柳川啓一『宗教学とは何か』法蔵館、一九八九年、一六頁参照。

とえば、或る特定の血縁集団が或る動植物を自分達と特別な結びつきを持つ「トーテム」として崇拝する「トーテミズム」がアメリカ大陸やオーストラリア大陸などに見られるが、これもつながり型の好例だろう。

さとり型宗教は、超越的存在者による救いではなく自らの悟りに力点が置かれた宗教である。代表は、宇宙と自分は一体であるという「梵我一如」の体得によって解脱を目指すヒンドゥー教や、「縁起」に基づく「無常」・「無我」の把握によって解脱を目指す仏教である。こういった宇宙の根本理法の把握を「自力」で目指す点で、超越的存在者という「他力」を拠り所にするすくい型とは好対照をなしているといえる。

このように、さとり型は宇宙の根本理法の把握を重視するが、神秘主義的宗教のところで使った言葉を借りると、宇宙の根本理法を把握した「わたし」こそ「歪んでいないわたし」としての「わたし」であり、自我意識を滅却し去った「わたし」であるといえるので、さとり型は神秘主義的である場合が多いといえるだろう。典型的なのは仏教の禅で、世界では一般的に「mysticism（神秘主義）」として知られている。

ところで、いま見たように仏教はたしかにさとり型としてうまく理解できるが、これまでにも触れてきたように仏教の中にもいろいろあるわけであって、浄土真宗は阿弥陀仏の力に自分のすべてを委ねて一切「自力」を介在させない方がよいと説くので、典型的なすくい型であるといえるだろう。

ついでに言っておくと、葬式やお盆や七回忌といった仏教の法要が無自覚的な宗教現象として把握できることはすでに話した通りであり、これらの法要は個人の信仰によって営まれるわけではなく、親類や地域の人などの結びつきの強化のために営まれていると見ることができるので、この点では仏教はつながり型としても理解できるだろう。

14　類型論の意義

　宗教をタイプ別に分類する作業を通じて、いろいろ理解が深まったと思う。たとえば同じ仏教でも「タイプ」を強調すれば原始仏教と浄土真宗と天台本覚論とではかなり違ったものであり、もはや同じ仏教には見えないように感じてくるだろう。

　類型論は安易な一般化に陥りやすい恐れもあるが、逆に個性の輪郭を明確化する働きもあるといえるから、一定の有効性を持っていると思う。むしろ、学問が持っている力というのは、その学問ならではの「物の見方」にあって、それがすなわち「型」である。「型」というのは知の蓄積の上に成り立つものであって、そういう伝統の力に比べると我流などは三流に過ぎない。

「型」というと「型にはめる」という定型表現があって、「勝手に型にはめるな！」と怒る人がいるわけであるが、「型」というのは「はめる」ものではなく、物事を柔軟に考察するためのものであるというのが私の持論である。固定観念から自由になるために「型」が存在しているのである。

さて、本章を含め、本書ではこれまでに神や仏などの超越的存在者についていろいろと紹介してきた。しかし、たとえば、超越的存在者といっても「キリスト教の神」と「仏教の仏」と「村落のカミ」とではかなり違った相を持っているし、キリスト教内部でも相当隔たった神観念が存在している。そこで、「神」というものについて一度詳しく見ておくこと必要があるだろう。また、類型論の中で「現実的・現実否定的」という対比が浮かび上がってきたが、現実をどう見るかという態度は各宗教の死生観に如実に表れており、これも各宗教の重要な個性であるといえるので、死生観についても考察する必要があるだろう。第七章では神概念を扱い、第八・九章で死生観を扱うことにしたい。

桜木建二先生の名言（出典：三田紀房作『ドラゴン桜』第二巻、講談社、二〇〇四年）

あんまりカタに はめるみてえなこと 連発されると 頭にくるんだよ！
“カタ”がなくて お前に何が できるっていうんだ

「ドラゴン桜」12限目　東大と京大

第7章 神概念の内実

1 三つの神概念——一神教の神・神秘主義の神・日本の神
2 唯一絶対の人格神
3 神義論
4 神秘主義の神
5 日本の神
6 柳田國男説
7 身近な神
8 神社の思い出
9 三タイプの神概念への指摘

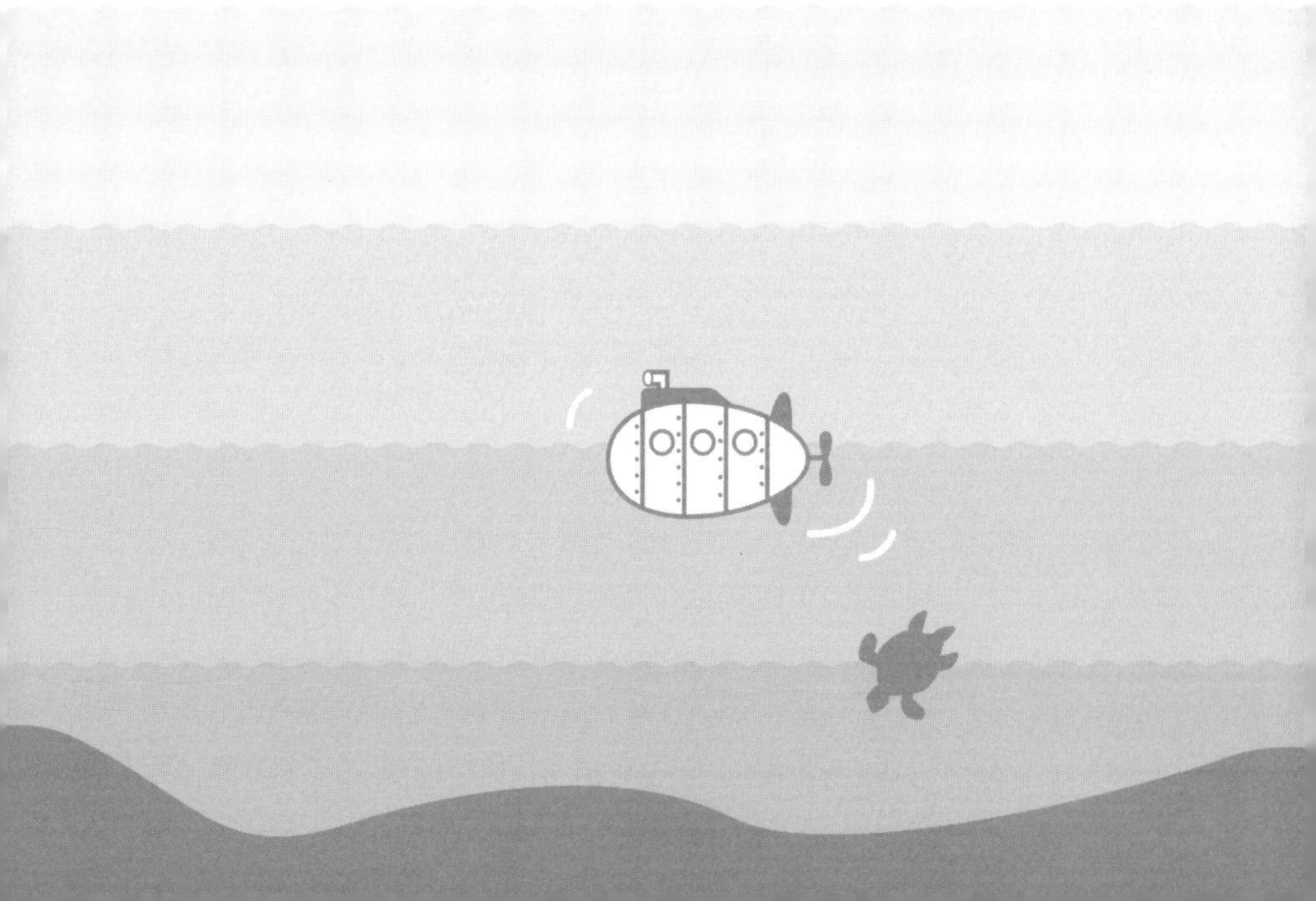

ネム船長の羅針盤

一般的に「神」という言葉で思い浮かべるのはキリスト教やイスラム教といった一神教の「神」だろうが、死者の霊が裏山で融合してできるとされる「祖霊神」のような身近な神もある。

「一定の年月を過ぎると、祖霊は個性を棄てて融合して一体になる」

……柳田國男

1　三つの神概念――一神教の神・神秘主義の神・日本の神

前章の第一節や第二節を思い出していただきたい。いろいろな宗教がそれぞれにいろいろな神的なるものの概念を持っていた。「神話事典」や「神々の事典」といった類の書籍も数多く出版されており、世界に存在するすべての神的なるものを集めると膨大な量になるだろう。本章で行いたい作業は、それらの詳細な検討や類型化ではなく、「一神教の神」「神秘主義の神」「日本の神」という三つのタイプの神概念を個別に深く掘り下げることである。

まず、「宗教・神」という言葉によって一般的にイメージされることが多いのは一神教の唯一絶対的な人格神だろう。だから、このタイプの神概念についてさらに深く知ることは、そのまま宗教理解の深化につながるはずである。

また、前章で保留していた神秘主義の神についても考察しておきたい。神秘主義の神は人格神のさらに奥で働く非人格的な神とでもいうべきものである。神秘主義は一神的宗教の人格神でさえ、人間の経験の範囲内で理解されたいわば限定的な神とみなす。絶対的に超越しているはずの唯一神でさえ限定的なのであるから、神秘主義の神は絶対的な超越をさらに超越しているといえる。このタイプの神概念を理解することによって、結果的に人格神についての理解もさらに深まるだろう。こういった神概念は西洋にも東洋にも見られるものである。

そして三つ目は日本の神である。これまでに産土神・氏神・土着神・祖霊神といった概念を使って日本の神概念について紹介してきたが、その内実にまで踏み込んではいなかった。第二章で私の実家の裏にある神社を紹介したさいに、小高い山の上にあるというその立地にも意味があると示唆しておいたが、このあたりの事情をとくに詳しく紹介したい。日本の神々が身近に感じられるようになるはずである。

さて、三つの神概念を考察する前に、表2を見ていただきたい。私なりに神の特徴について整理したものである。この表を念頭に置きながら本章を読み進めていただくのがよいだろう。

表2

宗教のタイプ	存在の身分	神の特色
一神的	絶対的	人格的
神秘主義的	絶対的	非人格的
多神的	相対的	人格的
(アニマティズム)	(相対的)	(非人格的)

なお、本章ではアニマティズムについては扱わないので括弧に入れてある。アニマティズムについてはパワースポットを分析したときにすでにいろいろ述べてあるので、この表で確認していただくだけでよいだろう。

アニミズム（一種の多神教）が人格的な霊的存在者を想定するのに対して、アニマティズムの場合は、たとえばカミナリや日食といった不思議な現象の背後にそういう霊的存在者を想定せず、人々がその不思議な現象そのものにただならぬ力を感じ取っている点を強調する。こういう「不思議な力」は非人格的であるし、また世界の隅々まで徹底的に支配する絶対的な力であるとは考えられていない点で相対的であるといえるだろう。

ではまずは一神教の人格神から考察していこう。切り口は無数にあるので、「この世界で悪いことが起こるのはなぜか」という問題に引きつけながら考察することにする。これでかなりよくこのタイプの神の特徴について理解できるはずである。

2　唯一絶対の人格神

一神教の場合、「神は一つだけである」というこの本質的規定から大変難しい問題が出てくることになるので、その問題へと収斂させながら神についていろいろ見ていくことにしよう。

ユダヤ教にしてもイスラム教にしても神の身分は絶対的であり、ほかのどの存在とも比べられない「比較しようのない絶対者」である。こういう神を評して一般的に「全知全能の神」という表現がよく使われるが、この意味をきちんと理解して使っている人はかなり少ない。

まず、全知と全能はまったく別の事柄である。全知というのは「知性」の最強バージョンだと考えればよい。神は過去現在未来にわたる宇宙の隅々の細部まで徹底的に知り尽くしているし、現に存在している「この宇宙」についてだけでなく、「思い描かれただけの宇宙」についても同じように完璧に知り尽くしている。

たとえば、われわれは絵を描くときにいろいろイメージを持つだろうが、実際に描かれるのは頭の中にある複数のイメージの中の一つである。人間の場合は頭の中にあるだけで現実に描かれなかったイメージの細部についてははっきりとしたイメージを持つことはないだろう。しかし、神の場合はそういうものについても知り尽くしている。描かれたイメージだけでなく、描かれなかったイメージも含めて、まさしく「すべて」を細部にいたるまでカンペキに知り尽くしているのが全知である。神はそういうレベルの認識を、「創造された世界全体」に対してだけでなく「イメージどまりで結局創造されなかったいくつもの世界全体」に対しても持っているのである。

このように、全知という特質は絶対的にすごいわけであるが、全知であることが論理的に必ず全能を帰結するかといえば決してそうではない。まず、全能とは「能力」の最強バージョンであり、自分のしたいことを完全に思った通りに実現することができる「能力」のことであるから、それ自体は「知性」とは何の関係もない。「ものすごく賢い人は必ずスポーツ万能である」というわけではないのと同じである。逆に、スポーツ万能でもアホな人はいくらでもいる。「知性」と「能力」に必然的な結びつきはないのである。神は絶対的な存在者であるから、知性も絶対的にすごいし、能力も絶対的にすごい、というわけで、両方が揃っているのである。

このように神は「全知全能」であるわけだが、実のところ一神教の神を形容するには「全知全能」というだけでは不十分である。なぜなら、「神は絶対なる善意しか持たない」というまた別の重要な特徴があるからである。この「善意」という観点がないと不十分であるのは、たとえばＩＱ三〇〇の大天才が犯罪をたくらむ場合を考えてみればよいだろう。それだけ賢い「知性」を「悪用」（つまり「悪意」をもって用いる）なら、えらいことになるのは目に見えているからである。或いは、ヘヴィー級世界チャンピオンのボクサーが、その戦闘「能力」を「悪意」に導かれて悪い方向へ用いるなら、それもえらいことになるに違いない。

持っている「知性」と「能力」をどのような方向へ発揮するのか、という点に「意志」が関わる。「善い意志」を持つか「悪い意志」を持つかで、まるで違った結果を産み出すことになる。「悪意を持つ神」は定義上一神教の神ではない。一神教の神は、絶対的な知性と絶対的な能力を持つだけでなく、絶対的な善意しか持たない。「全知・全能・善意」、この三点セットが唯一神の条件なのである。

3　神義論

さて、しかし問題がある。この世界にはどう考えても悪が存在しているように見えるからである。善人が辛い目に遭い、悪人が栄えるという現実がたしかにある。善人が報われないのはなぜか？　なぜあんないい人があんな辛い目に遭うのか？　なぜ罪のない大勢の人たちが大津波で亡くなってしまうようなことが起こるのか？　神がいるならそんなひどいことが起こるはずがない。しかし、神が創造したとされる世界の中には現にそういう事実がある。この問題をどのように考えたらよいのだろうか。

こういう問題が問題として生じるのは一神教の場合のみである。多神教の場合、悪神が世界の中の悪を司るという考え方をするからである。多神教については日本の神を扱う本章の後半で取り上げるので、そのときにこの論点について改めて触れることにする。いまは、全知全能善意の唯一神が創造したにもかかわらず、この世界に悪が存在しているのはおかしいではないか！　という一神教非難の立場による「三つの攻撃ポイント」を確認しておこう。

まずは神の「全知」が攻撃対象になる。世界の中に悪があるのは、世界創造時に悪が入り込むことを神が予見できなかったからであり、もし正しく予見されていれば、神は「全能」であるからそれを削除できるし、「善意」しか持たないので悪の混入を望むはずがないので、この世界に悪は存在していなかったはずだ、という批判である。この批判は、未来を正しく見通せなかった神の「全知」を疑っていることになる。

次に、神の「全能」も疑うことができる。神は「全知」であるから、これから創造しようとする世界に悪が入り込んでしまうことも当然予見することができたし、「善意」しか持たないからそのような悪が世界に入り込むことを決して望まない。しかし、そうはいってもその悪を取り除くだけの力を持っていなければ、神の望みはかなわないだろう。わかってはいたけどできなかったのではないのか？　こうして、神の「全能」を攻撃する立場も成立する。

同様に神の「善意」も疑うことができる。たとえ神が「全知」であり「全能」であっても、「悪意」があるなら、話は別だからである。神は人間を苦しめようとしてこの世界にわざと悪を混入させたに違いない、という批判も可能であろう。

一神教側がこの批判に反論し、神を弁護する試みを「弁神論」と言ったり、神の正義を論じるという意味で「神義論」と言ったりする。一神教側はこうした非難に対していっさい妥協せずに、神の全知全能善意をどこまでも強調する。つまり、神は「すべてお見通し」であり、「望むことはなんでも実現できる」し、「善人が報われ悪人が罰せられる世界を意志する」と主張する。

しかしいくら「善因には善果、悪因には悪果」が神の意志であると主張しても、現実のこの世界には間違いなく「善人が苦しみ、悪人が栄える」残念な状況があるだろう。これは否定しようのない事実である。そこで、「現世では報いられないかもしれないが、来世では必ず報いられる」とか「死後の幸福こそ真に重要なことである」といったような解決策が神義論の主張の一つとして出てくることになる。つまり死生観が宗教の問題として非常に重要になってくるわけである。

或いは、この世界に存在する悪の存在意義について独特な解釈を施して、なんとかこの世界を肯定しようとする議論もある。たとえば、辛い経験が人間の成長を促すという解釈や、悪のある方が全体として善が大きくなるといった議論がそうである。

とにかく、一神教の神がどのような存在であるか、その概念にどのような問題があるか、ということが見えてきたと思う。「神義論」は私の主要な研究テーマの一つでもあるので、語りだすと止まらないからこれぐらいにしておこう。*69 なお、神義論というのはもちろん立場的には護教論であるから、宗教学的な価値中立の立場ではない点も最後に指摘しておきたい。

4　神秘主義の神

一神教の神は、その知性・能力・意志を人間と比較して理解することができることからもわかるように、人間になぞらえて理解することが可能な人格神である。人格神とは「人間の姿」を持つ神のことではなく、人間の人格に通じるところがある神格を意味する。たとえば、理想的な人格や完全なる人格といっ

＊69　神義論に関心のある方は、まずは私の書いた短い論稿「神がこの世界を創造したのなら、なぜ悪が存在するのか?」(稲岡大志他三名編『世界最先端の研究が教えるすごい哲学』総合法令出版、二〇二二年)を読んでいただきたい。

たような観点から把握可能であり、だからこそ神が人間を導くという信仰が成立するわけである。

それゆえ、人格神については（目に見えないにしても）まだイメージしやすいのであるが、しかしこの「イメージしやすい」という点は、考えてみるとかなり問題的である。というのも、前章で論じたように人間の自我意識というのはかならず歪んでいるため、そういう人間による「イメージ」である神もまた、かならず歪んでいるに違いないからである。つまり、神と出会って触れ合っていると思っている人も、実はその神は人間の経験内で理解された限りの神でしかないのであって、「真の神」ではない、ということになるかもしれないのである。

だから、神と真に出会って触れ合うためには、人格神ではダメということになるが、人間が出会える神は、人間と出会える限りで人格神でしかない。ここに神秘主義の問題意識がある。自我意識を滅却した「わたし」に対応する神こそ、「真の神」なのである。

自我意識は「ありのままの世界」を「わたし」中心的な仕方で都合よく限定してしまう。善悪や美醜といった「価値の世界」も、左右や前後といった「事実としての世界」も、すべて「わたし」中心的であり、すでに一定の角度から限定されたものでしかない。だから、自我意識を滅却した「わたし」が出会う神は、い﹅っ﹅さ﹅い﹅の﹅限定とは無縁の神であるはずである。その出会いの場では、「善と悪」も「左と右」も「私とあなた」も、そして「私と神」でさえもないはずである。それらはすべて自我意識の産物だからである。

このようにして把握される「無限定の神」こそ神秘主義の神である。まだどんな限定も受けていないので、存在とも無ともいえないようなものであり、哲学的にはこのような身分のものを「限定を受けていない」という否定の面を強調して「絶対無」と呼ぶ場合が多い。ただの「無」と言ってもいいような気がするが、「無」は「存在（有）」に対してはじめて「無」であることができるから、相対的であって、その限りで限定されている。だから、限定されていないという点を強調するために「絶対無」と呼ぶことが定番になっている。

　このように、神秘主義における神観念は「無限定の神」「絶対無」として把握することができるわけであるが、こういった身分の神概念は西洋にも東洋にも見られるものである。たとえばイスラム教においては、イブン・アラビー（一一六五〜一二四〇：スペイン人）の神秘主義思想が典型であり、人間に語りかける人格神アッラーのさらに奥に「アハド（一：いち）」という「無限定の神」が考えられている。

　キリスト教においても、神秘主義思想家として知られるエックハルト（一二六〇頃〜一三二八頃：ドイツ人）は、人格神（Gott）にとらわれず、そこを突き抜けてその奥にある「神性（Gottheit）」にいたらなければならないと主張している。また、原始仏教の「ダルマ」にしても、老子や荘子の「無為自然」「タオ」にしても、この領域のことを言っていると考えることができるだろう。[*70]

　こういった神秘主義の「無限定の神」は、悪人に対して罰を与え、善人に対して幸福を与えるような人格神ではないから、善悪を超越していることにな

＊70　イブン・アラビーについては井筒俊彦『イスラーム哲学の原像』（岩波新書、一九八〇年）を、エックハルトについては上田閑照『エックハルト――異端と正統の間で』（講談社学術文庫、一九九八年）をオススメする。

る。＊71 善は悪に対してはじめて善であるし、悪は善に対してはじめて悪であるから、こういう相対性はこの「無限定の神」とは無縁である。前章で神秘体験を重視する神秘主義宗教は善悪を超越するような色彩を帯びるという点に触れたが、まさにそれゆえ、こういった神秘主義の神と出会うための修行においては、どういう「師匠」に付き従うかということが極めて重要になってくる。この点については「修行」をテーマとする第十章の第五節を参照していただきたい。

5　日本の神

では次に日本の神について考察することにしよう。神社に祀られている神々がどのようなものか知らない人が多いかもしれないが、たいていの場合それらは無名ではなく、たとえば天照大神《あまてらすおおみかみ》や須佐之男命《すさのおのみこと》といった「神話に登場する神」であり、はっきりした名称がついている場合がほとんどである。しかし、そういった神々も古くは村落に密着した土着の神であり、その内実は「村落で死んだ祖先の霊が集合してできた名前のない神」であったと考えることが日本の宗教学では一つのスタンダードになっている。＊72

古来日本では、人が死ぬとその魂は山へ行きそこに留まると考えられていた。だから山は死者の魂の集まるところであり、俗世の秩序が及ばない特別な場所として、慎重に忌避されていた。山は特別であるから、山自体が神として把握されるタイプの「神体山」も日本各地にあるが、一般的には山は神や妖怪といっ

＊71　神秘主義の神は善悪を超越しているゆえに、世界の創造に際して、その神は善の根源であるだけでなく、悪の根源でもあることになる。それゆえ、正統的立場というものが存在する宗教の場合では、神秘主義は異端視されることになる。エックハルトは晩年に異端の嫌疑をかけられ、死後には異端宣告もなされたが、現在でも正式な名誉回復はなされていない。

＊72　すぐあとで論じるように「祖霊」に神の起源をみる立場の代表は柳田國男である。しかしもちろん別の立場もあり、その代表者は柳田の弟子であり、「まれびと」という概念を提唱した折口信夫である。「まれびと」については残念ながら本書では扱う余裕がないが、とても面白い概念であるからぜひ自分で調べてみてほしい。簡単な手引きとしては、上野誠『100分 de 名著　折口信夫古代研究――「まれびと」とは何か』（NHK出版、二〇二二年）がオススメである。

た霊的存在者が住まう場所であり、人の魂も霊的な存在者としてそこへ行くものとして信じられていた。つまり、山は身近にある「他界」としての意味を持っていたわけである。

山が「他界」として把握される場合、それを「山中他界」という。こういった「山中他界」の世界観が典型的に見られるのは、青森の恐山、山形の出羽三山、富山の立山、和歌山の高野山、京都の比叡山などである。*73 「山中他界」とは具体的にどのような場所なのかということは第九章で扱うので、いまは、霊的存在者が集う山は峻厳な霊峰だけでなく、周囲より少しだけ盛り上がっている程度の小高い山もそうである点に着目したい。柳田国男（一八七五～一九六二）の説に従って検討してみよう。

6　柳田國男説

柳田の『祖先の話』によると、人は死ぬとその魂はどこか遠くへ行ってしまうのではなく、村の近くにある山に行ってそこに住み、子孫を見守る神になる。もっとも、魂は死んですぐに神になるわけではなく、長い時間をかけて徐々に神へと変化していくことになる。三十三回忌というのはこの変化過程の終了のタイミングなのであるが、そのあたりの詳細については死生観を扱う次章で扱うことにする。

ともかく、柳田は、山に住まう死者の魂は子孫に祀られることによって徐々

*73　霊的存在の集う場所は霊的な力が充満した特別な場所でもあるから、山へ入って修行し、特別な力を得ようとする山岳修行という形態もやがて成立してくることになる。これがすなわち修験道である。私は京都大学の学生だった頃にときどき修験道の行者（山伏）の一団と遭遇した。京都大学のある京都市左京区には聖護院という修験道（本山修験宗という仏教の一派）の一大拠点があるからだろう、私の狭い行動範囲内の中でもしばしば目にする光景だった。暗い調子の呪文を低い声で唸るように唱えながら歩く山伏たちの醸し出す異様な雰囲気はひときわ印象的である。修験道についても本書では扱うことができなかったので、興味のある方は藤田庄市『現代山岳信仰曼荼羅』（天夢人、二〇二〇年）をオススメする。カラー写真がたくさん載っていて、どのような実践が行われているかわかりやすい。

に個性を失っていき、祖先たちの魂が集合したものである祖霊神に融合すると考えた。この祖霊神は山の神でもあり、春には子孫のいる里に下りて来て田の神になり、収穫が終わるとまた山へ戻る。日本の神とはもともとこういった土着の神であったというのが柳田の学説である。実際に歴史的にこのとおりの過程を経て神概念ができあがっていったのかどうかはさておき、日本人の肌感覚に合った考え方だろう。

人が亡くなって通例は三十三年、稀には四十九年五十年の忌辰（命日）に、とぶらひ上げ又は問ひきりと称して最終の法事を営む。其日を以て人は先祖になるといふのである。〔…〕つまりは一定の年月を過ぎると、祖霊は個性を棄てて融合して一体になるものと認められていたのである。

……『先祖の話』（一九四六年）*74

日本の村々にはこういった土着の神がいて、それがいわゆる産土神である。だから、この神はもともと名前を持たない。「ごせんぞさま」という表現にはなんとなくぼやっとしたイメージがあるが、そのことにはこういう理由があるといえるだろう。

さて、さきほど死者の魂は「子孫に祀られることによって祖霊神に融合する」という説明を行ったが、例外もある。それが悪霊である。死者の魂は生前のいろいろな想いをまだ持っており、死んだ悲しみや生前の恨みなどによって乱れ

＊74　『定本 柳田國男集』第十巻、筑摩書房、一九六九年、九四～九五頁。

ている。また、死そのもののケガレも付着しているから、死後の最初の段階では魂は荒れていて、これを「荒御霊《あらみたま》」という。しかし、子孫がこの「荒御霊」を祀ることで魂は落ち着き、やがてケガレも浄化され清らかで穏やかな状態になる。これが祖霊神に融合する魂であるが、「荒御霊」との対比で「和御霊《にぎみたま》」という。

しかし、非常に大きな恨みや悲しみを持って死んだ人の魂は子孫による祀り上げによっては浄化せず、祖霊神にはならない場合がある。つまりいつまでも「荒御霊」のままで「うかばれない」わけである。これが要するに悪霊である。悪霊は村・人々に様々な害悪をもたらす「悪神」である。作物の不作や、火災、自然災害、病気の蔓延、悪事を働く人の増加などはすべてこの「悪神」の仕業である。つまり、善悪の起源という神義論の問題に引きつければ、世界における善は「和御霊」に、悪は「荒御霊」に紐づけられるわけである。

7　身近な神

このように、日本の神は一神教の神とも神秘主義の神とも違って、超越性の度合いはかなり低いだろう。神である限りたしかに超自然的な働きをするが、世界全体を統治するような知性と能力を持つどころか、基本的に守備範囲は産土神として一村だけである。しかし逆にその地域の人々にとっては身近であるといえるだろう。天の高みにではなく、裏山にいる神が日本の（本来的な）神なのである。この点について、柳田の言葉を見ておこう。

信仰の基礎は生活の自然の要求にあって、強いて日月星辰というがごとき壮麗にして物遠いところには心を寄せず四季朝夕の尋常の幸福を求め、最も平凡なる不安を避けようとしていた結果、つとに祭を申し謹み仕えたのは、主としては山の神荒野の神、または海川の神を出でなかった。

……『山の人生』（一九二六年）[*75]

神に対するこういった肌感覚を見事にアニメ化したもの（の一つ）が「となりのトトロ」である。[*76] 宗教学的にはトトロは要するに超越的存在者であるといえるが、その性質は土着神であり、居場所はわれわれの「となり」である。

いま取り上げたいのは、主人公一家の妹メイがトトロに出会うシーンである。庭で遊んでいたメイは小さいトトロの存在に気がつき、後を追いかけはじめる。そして、茂みの中のトンネルへ入っていった小さいトトロを楽しそうに追う。

トンネルの中は坂道になっている。つまり、小さいトトロの行先は山の上なのである。そして、メイは巨大なクスノキに棲みつくトトロと出会うことになるが、メイはトトロのフカフカの体の上で居眠りをしてしまい、目を覚ますと、茂みのトンネルの下にいた。トトロに会ったと大騒ぎするメイに、メイのお父さんはトトロにお礼をしにいこうと言い、姉のサツキと三人で裏山の「塚森」

*75 『定本 柳田國男集』第四巻、筑摩書房、一九七五年、一七一頁。

*76 柳田説とトトロを結び付ける着想は、岩田文昭・碧海寿広編『知っておきたい日本の宗教』ミネルヴァ書房、二〇二〇年の第三章「日本人は岩や山を拝んでいるのか」の大道晴香氏の議論から学んだ。

宮崎駿／スタジオジブリ『となりのトトロ』DVD

へ行く。その光景のイメージが下の画像である。お礼に向かう道は茂みのトンネルとはまた別ルートであるわけであるが、いずれにしても坂道を登っていく光景が描かれている。

あらためて、このシーンについて整理すると以下の点を指摘することができる。

①トトロは「塚森のぬし」である。
②「塚森」は周囲より標高が高い。
③明らかに森（＝杜）が聖俗を分離している。
④巨大なクスノキにはしめなわが巻かれているので、これはご神木である。

この地域の住人はこの小高い森に神が住まうと考え、その住処を巨大なクスノキであると見ている。だからクスノキはご神木として聖域の中心に位置づけられ、この森は「杜」として意味付けされているといえるだろう。宗教学的に見ると、このタイプの聖域に住まう神は明らかに祖霊神である。そして、その祖霊神はわれわれの「となり」にいるのである。

8　神社の思い出

第二章で紹介した私の実家の近くの神社も小高い山の上にあったことを思い

出していただきたい。この神社の氏子には「お灯明」という当番制の仕事があり、当番の家は神社に行く道中の坂にある二つの燈籠《とうろう》と、神社境内にある四つの燈籠にロウソクの火を灯しに行かねばならない。子どもの頃は祖父に連れられていっしょに行ったものだった。本書で紹介した坂道は両脇に木々が生い茂っていて常に薄暗く、いつもなんとなく不気味な雰囲気があって少し怖かったのと同時に、別の世界へ通じる秘密の小道のような魅力も私は感じ取っていた。

私はやがて宗教学や民俗学を学ぶようになると、この神社の立地に必然性があることがわかり、いまもこの神社に行くたびに、メイやサツキがトトロの住む巨木に通じる秘密の通路を進む姿を思い出す。私は残念ながらトトロに出会ったことはないが、この神社は私にとって「となりのトトロ」の「塚森」である。

子どもの頃はこの神社で秋に催されるお祭りがとても楽しみで、いまでもそのワクワク感をよく覚えている。神社の境内から「おっちゃんたち」がお神輿《みこし》を担いで坂を下って町内を練り歩く様子からは、祭りが持つ非日常的なエネルギーが溢れ出ていた。

「おっちゃんたち」は時々お神輿を子どもたちだけに担がせた。大人四人でぎりぎり担ぐことができる程度のサイズだったので、いま思うととても小さいお神輿なのだが、子どもにとっては巨大であって、肩に食い込むお神輿の重さにうろたえながらも、意地でも自分から「誰か代わって」とは言うまいと必死で肩の痛みに耐えたものである。小学六年生のときに同級生の四人だけで担いだことを、私はいまでもひそかに自慢に思っている。

お祭りの日は日常とは明らかに違っている。それはそこに聖なる時間が流れているからである。或いは、聖なる空間である神社に聖なる時間が流れる特別な状況下で営まれるのがお祭りであるといえるかもしれない。

●聖なる空間＋聖なる時間＝お祭り、初詣など
●聖なる空間＋俗なる時間＝お灯明、初詣以外のお参り
●俗なる空間＋聖なる時間＝おせちを食べる、恵方巻を食べる、豆まきをするなど
●俗なる空間＋俗なる時間＝普段の生活

聖なる時間と聖なる空間を重ねるという考え方を思いついたので、ざっと自分の生活を分析してみたところ、わりとうまく整理できているような気がする。聖と俗の区別については本書でもいろいろな場所で取り上げたので読者にはもうすっかりおなじみだろう。もちろん聖と俗の区別は宗教を考察するための一つの観点に過ぎないが、自力で宗教について分析するときに使いやすい優れた道具になってくれるだろう。

9　三タイプの神概念への指摘

では最後に、本章で扱った三種類の神概念のまとめとして、それぞれに対して悪の問題に関連させる仕方で簡単な指摘を行なっておく。

①一神教：神は全知全能善意の絶対的な人格神である。しかし、それではなぜ世界に悪があるのかという難しい問題が生じる。

②神秘主義：神は絶対的な人格神よりもさらに奥にある絶対無としての神である。善悪いずれもここから生じるので、神に悪の直接の原因があることになり、異端的な性質を帯びる。

③日本の神（多神教）：神はその守備範囲が地域的・限定的であるが、その分だけ身近である。善悪の説明もクリアであるが、一つ一つの神はあきらかに「弱い」。

宗教の概念と同じく、「神」とひとくちに言ってもその内実にはかなり幅があることを本章で理解していただけたと思う。また、神の概念は死生観とかなり密接に関係していることもおかりいただけただろう。一神教の神は現世ではなく来世に報いを用意しているかもしれないし、祖霊神は死後の世界の観念とセットになっている。そこで次章では死生観について考察することにしよう。

第8章 死生観①――死後の幸福の条件は何か

1 「死後の世界」

2 「死後の幸福」四パターン

3 タイプ①　死者の生前の階級・身分による

4 タイプ②　死者の生前の行為による

5 タイプ③　死者の死後の行為による

6 タイプ④　死者の死後における、死者の関係者の行為による

7 「宙ぶらりん」の魂

8 再び「類型」について

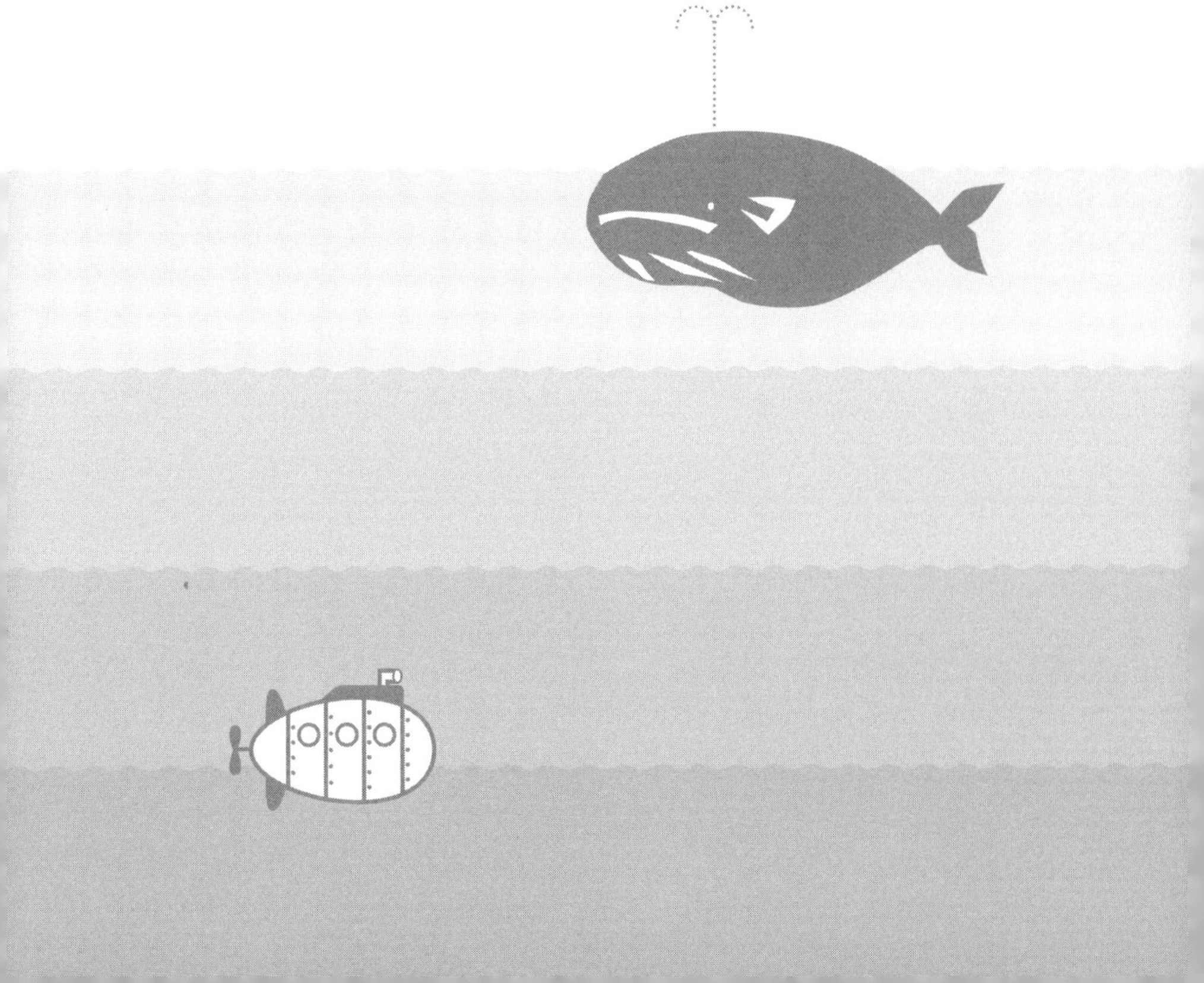

ネム船長の羅針盤

古来人々は「死後の世界」というものについてさまざまに想像してきた。そして、「死後の世界」の意味づけは、そのまま生の意味につながってくる。どのように生きれば「死後に幸福になれるか」。死生観を探れば、各宗教の個性が見えてくる。

「はっきり言っておく。金持ちが神の国に入るよりも、らくだが針の穴を通る方がまだ易しい」
……イエス

1 「死後の世界」

神の観念についていろいろ考察した前章の中で、「死後」という観点が浮上してきた。宗教は死後に関する様々な考え方を持っていて、それが人々の世界観に大きく反映している場合が多いように思う。たとえば、「自分は〜の生まれ変わりだ」とか「来世で会おう」などといった「生まれ変わり」の発想は日本でも日常的に見られると思うが、これはもとを辿ると古代インドのものである。また、「生まれ変わり」という発想自体は古代エジプトにも典型的に見られ、これがユダヤ、キリスト、イスラムにもつながっている。

「死後の世界」というものについては、それが本当にあるのかどうかは死ない限りはわからないので、想像力を働かせるしかない。だからいろいろな「死後の世界」が語られることになる。ここで改めて強調しておきたいのは、宗教学にとっては「死後の世界」が本当にあるかどうかは問題ではないということである。各宗教がどのような死生観を持っているのかという「事実」だけが重要なのである。

たとえば、奄美や沖縄には東南の彼方に他界「ニライカナイ」があり、魂はそこからやってきてそこへ還るという死生観がある。当事者にとってはほんとうに海のかなたにそういう世界があるのかどうかが一大事である場合もあるが(たとえば、ニライカナイでの再会を祈りながら沖縄戦で死んでいった人たちの想いを私は一個人として軽々しく扱うことはできないが)、宗教学にとってはそういう死生観を持った人たちがこの世界の中にたしかに存在しているという「事実」が重要なのである。この点、くれぐれも忘れないようにしてほしい。

では、具体的にいろいろな宗教の死生観について見ていくことにしよう。論点としては、「死後の幸福」、「他界の場所と内実」、という二つから考察することにしたい。本章では「死後の幸福」を扱い、「他界の場所と内実」は次章で扱うことにする。

2 「死後の幸福」四パターン

　われわれは親しい人が死んだ場合、その人の死後の幸福を祈るという営みを持つことが多い。儀礼的なものもあればプライベートなものもある。こういった実践を「追善供養」というが、「追善供養」は或る一定の死生観を前提にしている。当然ながら、「死後の世界がある」というのが大前提である。死後の幸福という考え方は、なんらかの意味での「死後の世界」を想定しない限り無意味であるからである。

　ほかにも、「追善供養」には「生前の善行の度合いが死後の禍福を決める」という前提もある。生前に行った善行の量が不足している故にそのままでは成仏できない（＝救われない）、と考えているからこそ、死者の善の総量を後から追加する「追善」という営みが行われるからである。また、「追善供養」は「死後すぐには成仏しない」という考えも前提になっているといえる。もし死後すぐに成仏するなら、「追善」の必要はないからである。

　さらには、「生前の善行が足りない場合は残されたものの祈りによってそれを補うことが可能である」という考えも前提されているだろう。遺族の祈りには効果がないという社会的・文化的な認識が（たとえ無意識的にであっても）あるなら、「追善供養」というものはそもそも存在しなかったに違いない。

　このように、「追善供養」という営みに着目してみると、「死後の幸・不幸は何によって決まるのか」という問題が浮上してくる。この問題に対する答えとして、およそ次の四パターンを挙げることができる。

①死者の生前の階級・身分がどういうものだったかによる
②死者の生前の行為がどういうものだったかによる
③死者の死後の行為がどういうものかによる
④死者の死後における、死者の関係者の行為がどういうものかによる[*77]

*77　この分類はひろさちや『世界の宗教がわかる本』（ＰＨＰ研究所、二〇〇三年）二三四頁をベースにしている。

3　タイプ①　死者の生前の階級・身分による

タイプ①は古代エジプトが典型であり、高位の人物にのみ幸福な来世が用意されているとするタイプである。豪華な墓であるピラミッドは権力の象徴であるが、それはそのまま来世での幸福の度合いを表していると見ることができる。また、古代エジプトといえばミイラであるが、これは身体を保存して生まれ変わりに備える意味を持っている。お金をかけて上等な処理をすればそれだけ保存状態がよくなるから、身分の差が来世での状態に露骨に反映されることになる。

また、第六章で古代エジプトの神についていくつか紹介したが、それらの神がまさにこの死生観に関わっている。死者の魂は死者の世界の裁判官であるオシリスによって裁かれ、有罪かどうかの判決を下されるとされる。その際、魂は天秤にかけられて生前の罪の重さを計測されるのであるが、計測係の神アヌビス、計測結果を記す書記係の神トト、そして、有罪判決を受けた死者の魂を飲み込んで生まれ変わりの可能性を絶つ神アメミトといった神々がいて、この裁判を構成している。

さて、タイプ①には、考えようによってはユダヤ教やキリスト教、イスラム教も含めることができる。というのも、それらの宗教は基本的には、キリスト教徒やイスラム教徒という身分がありさえすれば救われると考えるからである。

たとえば、キリスト教の重要な立役者であるパウロ（AD一〇?～六七?）の「信仰義認論」がまさにこれである。パウロは「イエスがキリスト（救世主）であると信じることによって救われる（＝信仰による義認）」と主張し、この思想こそがユダヤ教の異端的な一派をユダヤ教から脱皮させてキリスト教たらしめたわけであるが、クリスチャンがクリスチャンである本質的な条件は「イエスがキリストであると信じること」であるから、クリスチャンはクリスチャンでありさえすれば救われることになる。これは紛れもなくタイプ①である。

ただし、もちろん善因には善果、悪因には悪果という因果応報の基本的な前提もあるから、教義的に悪とされることを行えばそれだけ救いからは遠ざかる。この点を強調するのがタイプ②である。

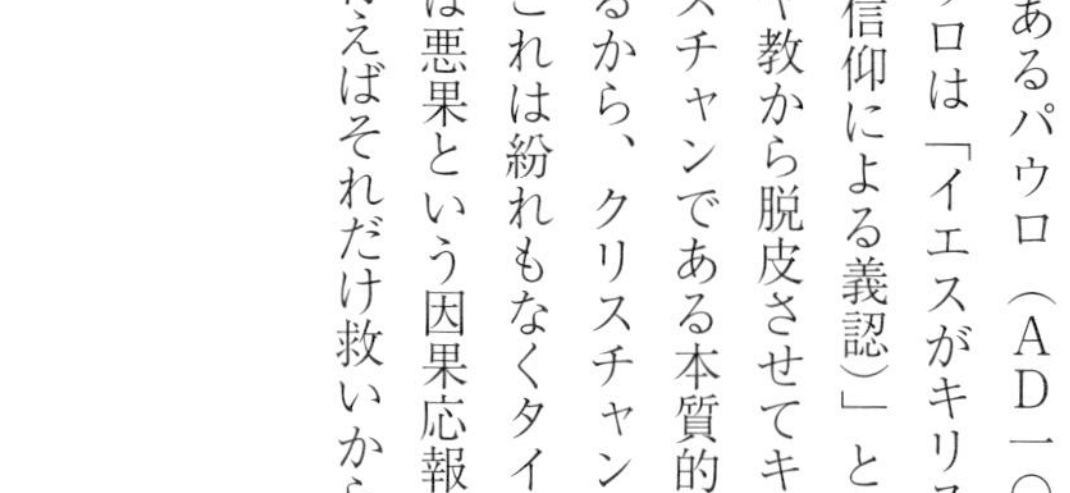

椅子に座っている裁判官オシリス（右から二番目）
天秤棒の下で計測しているアヌビス（左から三番目。左から二番目もアヌビス）
天秤棒の右隣でペンを持つ記録係のトト（左から五番目）
天秤棒の下で口を開けて待っているワニのような顔のアメミト（左から四番目）
出典：The British museum HP

4　タイプ②　死者の生前の行為による

現世で徳をたくさん積めば来世で幸福になれるという死生観は、恐らくかなり普遍的だろう。生まれ変わりを説く宗教の多くはこのタイプである。たとえば、ユダヤ教の「戒律主義」は決められた戒律を徹底的に守れば来世で天国に生まれることができると考えるので、戒律順守こそ「善」であるという立場であるといえる。ちなみに、ユダヤ教はその戒律が六一三もあり、順守の徹底が非常に難しい厳しい宗教であることで知られている。

少しだけ脱線すると、中学や高校などでユダヤ教といえば「選民思想」と習い、「何をえらそうにしてんねん」という反感とセットで記憶した人も多いだろうが、滝川によるとこれは間違った理解である。[*78] 選民思想とは「自分達がほかの民族よりも優れている」ということの前提になる思想ではなく、神が道徳的な世界を実現するために「多くの戒律を守って道徳的に生きる模範」となるべきパートナーとしてユダヤ人を選んだという思想であって、優越ではなく過酷な義務の思想である。仮に「選民」と「優越」が結びつくとすれば、それは戒律順守の結果としてであって、「優越」が「選民」の前提なのではない。

さて、徳を積み罪を滅することに来世での幸福の条件を見るのは、ユダヤ教から派生したキリスト教でも同じである。中学・高校の歴史の授業でヨーロッパの宗教改革について習ったと思うが、宗教改革のきっかけになった一つの出

＊78　滝川義人『ユダヤを知る事典』東京堂出版、一九九四年、四六頁参照。

来事は教会による免罪符の販売である。免罪符はこの現世での罪を免じる効果を持つお札であるから、免罪符は要するにタイプ②の発想の上に成り立つものであるといえる。

また、寄付の概念もタイプ②の宗教と密接に関係している場合が多い。英国の慈善団体「チャリティーエイド基金」が「この一ヶ月の間に、見知らぬ人、あるいは、助けを必要としている見知らぬ人を助けたか」、「この一ヶ月の間に寄付をしたか」、「この一ヶ月の間にボランティアをしたか」という項目で二〇一〇年から世界各国の人々に毎年アンケート調査をしている。

私がインターネットで調べた限りでは、一位を獲得した回数が一番多いのはミャンマーであり、二位はアメリカである。ミャンマーは熱心な仏教徒が多い国であり、善行（功徳）を重ねようという意識の高さが反映されていると見ることができる。日本の浄土真宗の場合だと、阿弥陀仏の力（＝他力）に頼ることがベストで、自力の善行は無いほうがよいということになるので、同じ仏教徒といっても宗派によってぜんぜん違った結果になると思われる。*79

アメリカについても、恐らくはキリスト教徒が多いことがこの結果につながっていると思われる。聖書の言葉を見てみよう。

一人の男がイエスに近寄って来て言った。「先生、永遠の命を得るには、どんな善いことをすればよいのでしょうか。」イエスは言われた。「〔…〕もし命を得たいのなら、掟を守りなさい。」男が「どの掟ですか」と尋ね

＊79　「自力の善行」をまったく評価しない浄土真宗はボランティアを否定することになるのだろうか。「自力」から遠ざかれば遠ざかるほど救われる可能性が高くなると考えるのが浄土真宗だからである。この問題を論じたものとして、木越康『ボランティアは親鸞の教えに反するのか——他力理解の相克』（法蔵館、二〇一六年）を紹介しておく。この本の著者は大谷大学（浄土真宗大谷派）の元学長である。

ると、イエスは言われた。「『殺すな、姦淫するな、盗むな、偽証するな、父母を敬え、また、隣人を自分のように愛しなさい。』」そこで、この青年は言った。「そういうことはみな守ってきました。まだ何か欠けているでしょうか。」イエスは言われた。「もし完全になりたいのなら、行って持ち物を売り払い、貧しい人々に施しなさい。そうすれば、天に富を積むことになる。それから、わたしに従いなさい。」青年はこの言葉を聞き、悲しみながら立ち去った。たくさんの財産を持っていたからである。

……『マタイによる福音書』

イエスは「はっきり言っておく。金持ちが天の国に入るのは難しい。重ねて言うが、金持ちが神の国に入るよりも、らくだが針の穴を通る方がまだ易しい」とも言っていて、お金持ちを毛嫌いする。その理由については「ネム船長の哲学航海記」シリーズ三作目（名古屋外国語大学の「キリスト教の世界」という授業に対応）で相当詳しく扱う予定なのでそちらを読んでいただくことにして、少なくとも聖書のこの言葉からは「お金を持ったまま死ねば天国に行けない」という死生観が出てくることが理解できるだろう。キリスト教徒が寄付をすることにはこういった死生観が（も）関わっているのである。

寄付についてはイスラム教でも聖典コーランの多くの箇所に記されており、ムスリムの義務である五行、すなわち「信仰告白（シャハーダ）」「礼拝（サラート）」「寄付（ザカート）」「断食（サウム）」「巡礼（ハッジ）」の中に組み込まれていることからもわかるように、功徳を積むための宗教的な定型であるといってよいだろう。これはユダヤ教でも同じである。

5　タイプ③　死者の死後の行為による

タイプ③はややわかりにくいかもしれないが、輪廻転生の死生観のことである。死者の死後の世界とは、この現世のことである。つまり、輪廻転生の世界観においては、われわれはいま死後の世界を生きているということになる。この現世における行為が来世での幸・不幸を決めるので、タイプ②の別バージョンでもあるといえるが、生まれ変わりが一度だけのキリスト教やイスラム教とは違って、タイプ③は生まれ変わり続ける点に最大の特徴がある。

輪廻転生は古代インドのバラモン教をはじめ、仏教、ヒンドゥー教、ジャイナ教、シク教など、インドにおける伝統的な死生観である。日本にも仏教の伝播とともに伝えられたし、古代ギリシアでも（恐らくはインドからの影響だと考えられている）輪廻転生の死生観を持つ宗教があった。数学の定理で有名なピタゴラスの教団や、秘密の儀式や禁欲主義を特徴とするオルフェウス教などがそうである。

輪廻転生の死生観では、人間はまた次の生も人間に生まれるとは限らない。たとえば仏教では「天」「人間」「修羅」「畜生」「餓鬼」「地獄」の六世界が候補であり、積んだ徳が少なければ少ないほどより下位の世界に生まれるとされる。ケンカばっかりしてたら戦いの世界である「修羅」の世界に生まれるとか、食べ物をそまつにすれば「餓鬼」の世界に生まれるとか、無駄にいきものを殺したら「畜生（動物）」になるとか、こういった教訓は輪廻転生を前提とした言い方である。

輪廻転生については日本人には比較的なじみがあると思うので、少し深堀りしてみよう。『100万回生きたねこ』という絵本をご存知だろうか。[*80] 何度も何度も生まれ変わる一匹のネコの物語である。さまざまな飼い主のネコとして、独りよがりの自己愛によって生きては死に、生きては死にという経験を繰り返していたネコは、ある時野良猫に生まれつく。最初は野良猫としても一〇〇万回生きたことを自慢していたが、やがて一匹の白いネコに出会ってそのネコを愛するようになり、二人（二ネコ？）は結ばれる。やがて年老いた白ネコは死んでしまい、一〇〇万回生きたネコは悲しみというものを知り、一〇〇万回泣く。そして、一〇〇万回生きたネコも白ネコの隣で動かなくなり、死んでしまう。物語の最後の言葉は、「ねこは　もう、けっして　生きかえりませんでした」である。

一〇〇万回生まれ変わり続けたネコは、一〇〇万回目を最後に二度と生まれ変わることはなかったわけであるが、これは輪廻転生からの解脱を意味していると考えられるだろう。このネコの物語を読むと、最後にネコは死んでしまうのになぜか「もう生まれ変わる必要がなくてよかった」と感動してしまう。解脱を究極の目的として営まれる宗教が解脱に対して持っている感覚はおそらく

＊80　佐野洋子作『100万回生きたねこ』講談社、一九七七年。

こういうものなのかもしれない。

ところで、ここで思い出すのは、仏教の開祖ゴータマは生まれてすぐに立ち上がって東西南北に七歩ずつ歩き、右手を挙げて「天上天下唯我独尊」と宣言したという伝説である。この伝説がほんとうかどうかはどうでもよい話であって、重要なのはこの伝説に輪廻と解脱の思想がはっきり表れているということである。そのことは、この言葉が記されたパーリ語原典のもともとの文章を見ればわかる。

私は世界の第一人者である、私は世界の最年長者である、私は世界の最勝者である。これは最後の生まれである、もはや二度と生存はない。

この人生が最後の人生であって二度と生まれ変わらないと言っているのは、輪廻転生のサイクルから解脱するという意味である。つまり、この「最後の人生」において悟りを開くのだということである。解脱こそ目指すべき幸福であるから、生まれ変わらないのは悲しみではなく喜びである。絵本には独特の寂しさが漂っているが、しかし同時にハッピーエンドでもあるように思われるのは、解脱という理想が盛り込まれているからだと思う。

さらにもう一歩突っ込んでこのネコの悟りについて考察してみよう。それは、このネコはネコのまま解脱したという点についてである。仏教では基本的には悟りを開くときには人間として悟りを開くのであって、餓鬼や畜生などの別の世界を生きるときではない。悟りを開くにあたっては、必ずいったんは人間に生まれ変わらないといけない。だから、このネコの場合は仏教の基本路線からは外れているのである。ネコは人間界ではなく畜生界を生きているからである。

しかし、人間だけでなく、すべての生き物（＝一切衆生）が仏になる可能性を持つという思想である「一切衆生悉有仏性」の立場をとる宗派もある。天台宗である。だから、『100万回生きたネコ』は天台宗の立場を表現していると解釈することができる。

恐らく作者自身はここまで考えていないと思うが、宗教学的観点から分析すればこのように見ることができるだろう。やや傲慢な言い方をすれば、作品を作者以上に深く理解することが解釈という営みの神髄であると思う。

ちなみに、古代ギリシアでは「もう二度と生まれ変わらない」のは最も恐ろしい罰として考えられており、仏教やヒンドゥー教が持つ生まれ変わりの思想とは正反対の評価がなされていて興味深い。古代ギリシアの哲学者プラトン（BC四二七〜三四七）の『パイドン』という本の中に次のような一節がある。

もし、なにか不正をおかした者であれば、それにあたいする罰をうけて、その不正のとがめからは解放され、また反対に、なんらかの善行があったならば、それ相応の報賞をおのおのが受けるのである。ところがしかし、そのおかした罪過があまりにも大きいために、もはや癒しがたいと判定された者たち、たとえば神のものを冒瀆する行為を何度も大がかりになした者とか、不正であり無法でもある殺害をかず多くしでかした者〔…〕について いえば、彼らは、その悪業にふさわしい定めによって、タルタロスへと投げこまれ、そこからもはや二度と出ることはないのである。

……『パイドン』一一三D〜E*81

不正にも程度というものがあって、基本的には罪滅ぼしの罰を受けることで許されるのであるが、あまりにもひどい不正を犯した者の場合は、もはや更生不可というわけで、生まれ変わるチャンスをはく奪されて、地獄の一番深い場所であるタルタロスへ放り込まれることになる。もしプラトンが『100万回生きたねこ』を読んだなら、愛する白ネコの死を悲しんで一〇〇万回泣くことがかくも大きな不正として描かれていると勘違いして、なんと奇妙なストーリーだと思うかもしれない（プラトンはとても賢いので、そんな勘違いはしないと思うが）。

＊81　プラトン（松永雄二訳）『パイドン』（『プラトン全集』第一巻所収）岩波書店、一九七五年、三三七〜三三八頁。

6　タイプ④　死者の死後における、死者の関係者の行為による

タイプ④はすでに紹介した「追善供養」がまさにそうであり、宗教や宗派などにかかわらず日本で一般的に見られるものであるが、「関係者の行為」がどのタイミングで行われるかという点によって、二つに大別できるので、そうす

ると日本以外でも一般的に見られるものがある。

たとえば韓国の大河ドラマを観ていると、王が逝去した際に大勢の家臣たちが「ペーハー（陛下）」と叫びながら大号泣するというシーンがよくある。これは、その王が慕われていたから残された者たちが嘆き悲しんでいるというような単純な反応を表しているのではなく、生きている人間が死者を悼んでこんなにも悲しんでいるから、死者は来世で幸福になれる、という思想の表現だといえる。

つまり、残された者の悲しみの総量の大きさに比例して死者の来世の幸福の度合いも変化するというわけである。これは「関係者の行為」が死後すぐに見られる場合であると解釈することができるだろう。

ちなみに、葬儀のときに雇われる「泣き女」の存在は韓国をはじめ東アジア圏に多いようであるが、旧約聖書（エレミヤ九章十六節）にもその存在が出ているし、古代エジプトにもいたらしい。これはすなわち「タイプ④―死後すぐ版」が世界中で見られることを意味している。＊82

この「タイプ④―死後すぐ版」に対して、死者の死後長きにわたって「関係者の行為」が営まれるような「タイプ④―死後ゆっくり版」がいわゆる「追善供養」であるといえる。日本では死後の翌日や翌々日に葬儀があるが、そのあとも、命日からカウントして（別のカウントの仕方もある）七日ごとに法要が営まれる場合が多く、一回目が初七日《しょなのか》、二回目が「二七日《ふたなのか》」、以下同様に「三七日《みなのか》」、「四七日《よなのか》」、「五七日《いつなのか》」、「六七日《むなのか》」というようにして七回目の「七七日《なななのか》＝四十九日《しじゅうくにち》」まで続く。

＊82　ゾロアスター教の場合、死者の魂は死者の遺族が流す涙によって作られる「嘆きの川」を渡らなければならないとされていて、流す涙が多ければそれだけ川の水量が増えて渡河を困難にすると考えられている。それゆえ、ゾロアスター教徒は死者を悼んで嘆き悲しむことをしないらしい（岡田明憲『ゾロアスターの神秘思想』講談社現代新書、一九八八年、一〇一～一〇二頁参照）。遺族の悲しみの総量に反比例して水量が浅くなると考えられている「三途の川」と好対照をなしていて興味深い。

この法要の期間の四十九日間は「中陰《ちゅういん》」といって、死者が生まれ変わるまでに必要な期間であると考えられている。四十九日目は「中陰」の期間を満了するときなので「満中陰《まんちゅういん》」という。ではなぜ生まれ変わるために四十九日間の時間が必要なのかというと、七日間ごとに死者を裁く法廷が開かれるからである。法廷なので裁判官がいる。初七日では「秦広王《しんこうおう》」、二七日では「初江王《しょこうおう》」などというように、裁判官は毎回変わり、有名な「閻魔王《えんまおう》」は五七日に登場する。*83

中陰期間に「死者の関係者」が死者のために祈り、裁判で少しでもよい判決が得られるようにするのが「追善供養」である。生まれ変わる次の世界の行先が確定するのは死後四十九日目であるが、死者が地獄に落ちるのをなんとか食い止めたい想いから、四十九日目のあとも「百ケ日《ひゃっかにち》」、「一周忌《いっしゅうき》」、「三回忌」、「七回忌」、「十三回忌」、そして「三十三回忌」という再審の日が特別に設けられている。*84

もっとも、浄土真宗の場合、死者は直ちに「成仏」して「浄土」へ行くとするので、生まれ変わるまでの猶予期間なるものは本質的に存在しない。それゆえ、浄土真宗の檀家にとっては、「四十九日」や「三回忌」などの法要は本来不要であって、「追善供養」や「再審」といった概念も意味がない。しかし浄土真宗もそういった法要を営んでいるから奇妙な気がするが、それは残された家族が「ほとけの教え」に触れる「仏縁」の機会を作るためだ、ということになる。私は我が家にお参りに来る浄土真宗のお坊さんから、浄土真宗では「お盆」などの法要は本来する必要がないのであるが、日本の伝統としてこれをしない

*83　「四十九日」目に生まれ変わるとする思想そのものはインド仏教由来であるが、そこに閻魔王などの神格が絡むのは仏教が中国に入ってからである。

*84　すでに述べたように「三十三回忌」は個々の魂が祖霊神に融合する時期であると考えられている。祖霊神の観念は仏教以前のものであるから、「三十三回忌」の法要は土着の信仰と外来の仏教が混ざったものであることがわかる。また、地獄といえば「三途の川」や「賽の河原」を思い浮かべる読者も多いかもしれないが、これらの概念ももともと仏教のものではないらしい（定方晟『須弥山と極楽――仏教の宇宙観』講談社現代新書、一九七三年、一五八頁以下参照）。追善の祈りが「三途の川」を浅くしたり、水量を減らしたりして、死者が川を渡りやすくするという信仰も、恐らく日本古来の風習や民間信仰に仏教が脚色してできあがっていったものだと思われるが、このあたりの事情については私は詳しくないので、今後もっと勉強したい。

と檀家さんに納得してもらえないのもあって、「四十九日」や「三回忌」という概念を借りて「仏縁」の機会を作っているのだという話を聞いたことがある。

7 「宙ぶらりん」の魂

タイプ④の考察から派生して間接的にわかるのは、死者の魂が一定期間「宙ぶらりん」の状態にあると考えられる場合もあるということである。そして、この「宙ぶらりん」という観点を導入してみると、たとえば「終末」を語る宗教（ゾロアスター、ユダヤ、キリスト、イスラム）にも「宙ぶらりん」の存在を指摘することができる。

ゾロアスター、ユダヤ、キリスト、イスラムはわれわれのこの歴史がやがて「終末」を迎え、そのとき神による「最後の審判」が行われて、すべての人々が天国行きか地獄行きかにふりわけられる、という終末思想を持っている。「最後の審判」は、前章で述べたように、生前の行いの善い人は天国へ、悪い人は地獄へという「善因善果・悪因悪果」の法則が純粋に適用される決定的な場面であるが、本節で指摘したいのは、「終末」は未だ到来していないように思われる、という点である。＊85

「終末」が訪れると人々は神による裁きを受けることになるが、「終末」の到来時に実際に生きている人の場合はよいとして、すでに死んでしまっている人はどうなるかというと、神による裁きを受けるために肉体を伴っていったん生

＊85 もっとも、「終末はすでに到来している」という考え方もある（たとえば『新約聖書』の「ヨハネの手紙Ⅰ」五章一～一三」参照）。

き返ると考えられているのである。これまでこの地球上に生きて死んだすべての人が生き返るのでものすごい人数になるはずだが、それはともかく、そうやっていったん生き返った上で神による裁きを受けると考えられているわけである。

とすると、いったん生き返る大多数の人間たちは、「終末」が到来するまでどこにいることになるのだろうか。三途の川を渡って「あの世」へ行き審判を受け続けると考える場合や、山中他界観のように魂が山の中で「荒御霊《あらみたま》」から「和御霊《にぎみたま》」へと変容していくと考える場合、また、浄土真宗のように人は死の瞬間に仏となって浄土へ行くと考える場合にはこういう問題は生じないが、そうでない場合、なんらかの「待機場所」が必要であろう。そこで、たとえばイスラム教では「バルザフ」、キリスト教（カトリック）では「煉獄《れんごく》」といった「待機場所」としての他界が想定されることになる。*86

「バルザフ」は死者の生前の行いがどのようであったかによって「苦しい場所」にも「愉悦の場所」にもなると考えられているのに対し、「煉獄」は天国へ入る前に浄化のための罰を受ける「苦しい場所」でしかない点で違いはあるが、いずれにしても来るべき終末を待つ「宙ぶらりん」の魂の「待機場所」である点では共通しているだろう。カトリックの場合、遺族の祈りが「煉獄」で過ごす時間を短縮するという考え方もあり、これはまさしく追善供養であるといえるから、「宙ぶらりん」は追善供養と相性がいいことがわかる。

＊86　ゾロアスター教の場合、死者は天国・地獄・天国と地獄の中間「ハメースタガーン」にふりわけられるが、この場所が死者の最終的な行先なのではなく、終末時にいったん肉体を伴って復活し、神による審判を経て再びふりわけられて最終確定となる（岡田明憲『ゾロアスター教の悪魔払い』平川出版社、一九八四年、六五〜七八頁）。

8　再び「類型」について

本章では「死後の幸福の条件」を四つのタイプに分けて考察したが、それらは宗教ごとに厳密にスパッと区別されているわけではなく、実際には同じ宗教内において混ざり合っている。たとえば、タイプ①の古代エジプトについてであるが、いくら生前の身分が高くても、死体を処理してミイラを作成する「死者の死後における、死者の関係者」がいなければ、そもそもミイラとして死者の身体は保存されないから、実は古代エジプトにはタイプ④もあったと見ることもできるだろう。

類型論は、あくまで類型を用いて分析することによっていままで見えてこなかったものが浮かび上がってくる点に意義があるのであって、「分類」そのものを目的とするものではない。「型」があるからこそ自由に考えることができるのだということを改めて強調しておきたい。

さて、本章は「死後の幸福の条件」に焦点を合わせて考察してきた。次章のテーマは、死後の世界はどこにあると考えられているか、その内実はどのようなものと考えられているかである。たとえば、人々は地獄はどこにあると考えているのか、またそれはどのような場所であると考えているのか、といった死後の世界の具体的なイメージについて詳しく見ていくことにしよう。

第9章 死生観②―他界の場所・内実

1 垂直線上他界
2 いろいろな地獄
3 死者の国
4 イザナギとイザナミ
5 オルフェウスとエウリュディケ
6 水平線上他界
7 島唄

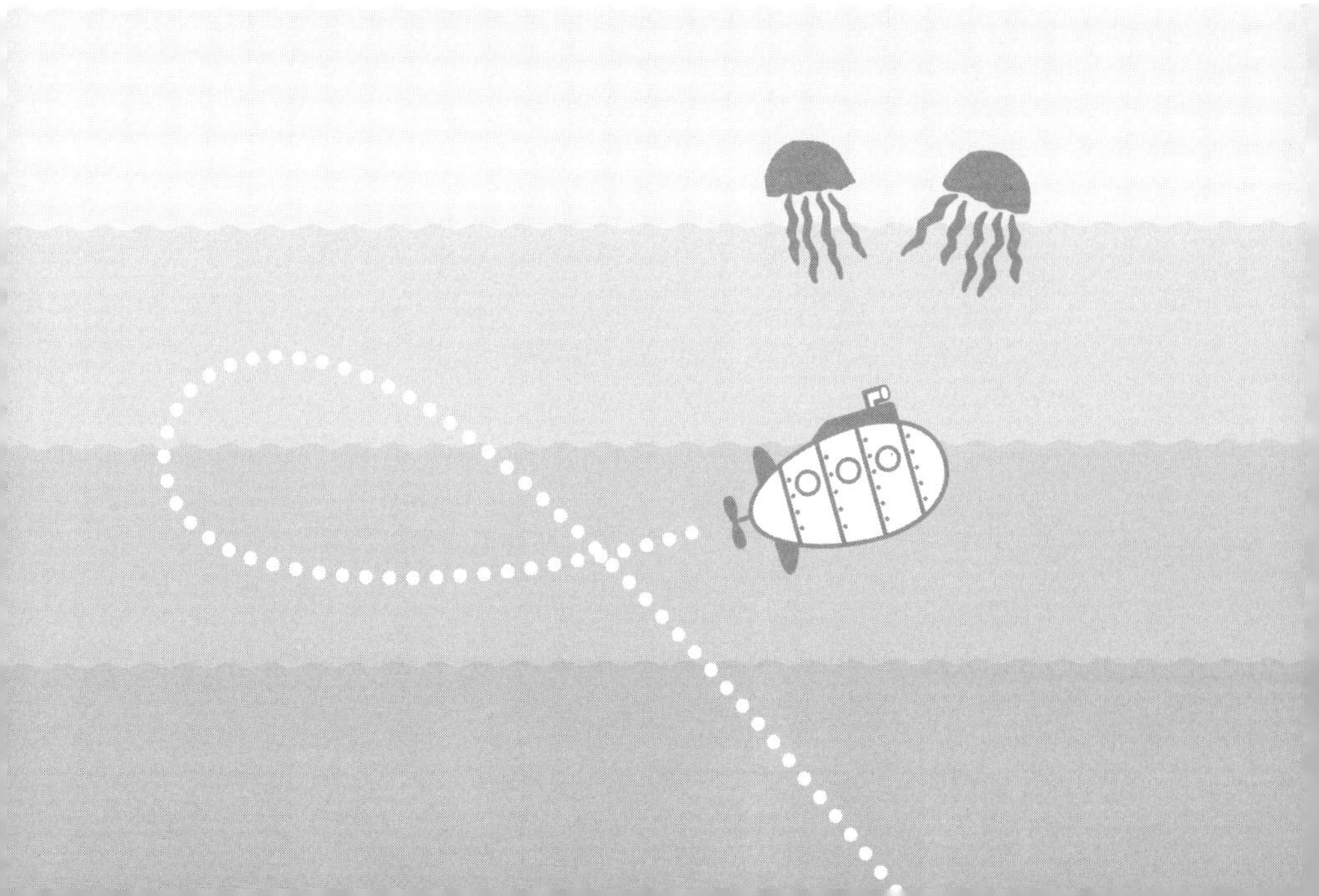

ネム船長の羅針盤

子どものころは「ウソをついたら地獄に落ちるぞ」とよく脅されたものだったが、「落ちる」以上は「地獄」は地下にあることが予想される。どれぐらいの深さの場所にあると考えられているのだろうか。逆に、「天国」はどこにあると考えられているのだろうか。やはり地獄とは逆の「高所」だろうか。或いは、海のかなただろうか。

「♪島唄よ風に乗り、鳥とともに、海を渡れ♪」
……宮沢和史（THE BOOM）

1　垂直線上他界

前章では「死者の幸福」はどのようにして実現されるかという問題を取り上げ、四パターンに分類して考察してみた。その中で、天国、餓鬼、地獄、ニライカナイなどという他界について言及した。本章では、こういった他界がどこにあるとされているか、またその内実はどのようであると考えられているかという点について考察したい。

他界の所在については、大きく分けて二つのタイプがある。①垂線上に想定される場合、②水平線上に想定される場合、この二類型である。もちろん、この二タイプが混ざり合っている場合もあるだろうが、この二つのタイプに分けることでいろいろ理解が進むと思う。まずは垂直線上他界について見ていこう。

他界を垂直線上に想定する場合、「地下」、「地上の高所」、「天上」などにその場所が設定される。低いものもあれば高いものもあるが、いずれにしても地平面とは異なった次元に他界があると信じられているタイプである。「地下」は「地獄」、「地上の高所」は「山中他界」、「天上」は「天の高み」にあると一般的に信じられている「天国」がそれぞれの典型例だといえるだろう。

すでに言及したことがある「山中他界」の概念について具体例を挙げて詳しく見てみよう。たとえば、青森県下北半島にある恐山には、死者を自分に乗り移らせて語らせる「口寄せ」を行うイタコという巫女を中心とする独特の文化があることはすでに話した通りである。これは、恐山が死者の魂が集まる他界であるという前提の上に成り立つ宗教現象であるといえる。

恐山には、他界として知られる各種の場所が象徴的に表現されており、「無間地獄」「重罪地獄」といったものから、「極楽」や「賽の河原」もある。

賽の河原について話しておこう。三途の川のほとりにある賽の河原では、幼くして死んだ子供の魂が集まり、石積みをしているとされる。積んだ石は鬼に壊され、再び石積みをせねばならず、この責め苦は永遠に続くとされる。第七章（神概念の内実）で紹介した概念を用いるなら、賽の河原で石積みをする幼子とは、山中他界でいつまでも成仏できない「荒御霊《あらみたま》」であるといえる。

幼子の魂にこういった過酷な罰が与えられるのは、「親の死に目に会えない」

恐山　出典：https://tabi-mag.jp/ao0071/

無間地獄　出典：https://thegate12.com/jp/article/84

という大きな罪を犯したからである。「親の死に目に会えない」という表現は、たとえば、仕事や遠距離などの理由で、危篤の知らせを受取って急いで駆け付けたが親の臨終に立ち会えなかった場合などに使われることが多いが、本来は「親より先に死ぬ」ことをいう。親に大きな不幸を与えるという大罪を犯したというのがこの慣用句の意味である。

　幼子は自分の背丈よりも高く石を積み上げれば成仏できるとされるが、さきほど述べたように鬼がそれを阻んでしまう。だから、恐山の「賽の河原」のあちこちに見られる石積みは、石を積みあげ続ける苦しみから少しでも我が子を解放してあげたいという親の祈り（追善供養）の跡であるといえるだろう。

2　いろいろな地獄

　ついでに地獄についても話しておこう。すでに述べたように、仏教の輪廻の思想では、生まれ変わり先の世界は六つであり、いい世界から順に「天・人間・修羅・畜生・餓鬼・地獄」である。地獄は一番悲惨な世界であるが、地獄といってもいろいろあり、とくに「八大地獄」と表現される八つの地獄を想定する思想が有名である。生まれ変わり先の世界の中で真に一番悲惨なのは地獄の中でもその最下層に位置するとされる「無間《むけん》（阿鼻《あび》）地獄」である。地獄という概念は日本人にとってはかなり馴染深いだろうから、少し詳しく紹介しておこう。「地獄に落ちる」という定型表現からもわかるように、地獄は地下の深いと

「賽の河原」①　出典：http://junnyobata.seesaa.net/article/422205207.html

賽の河原②　出典：http://syakeassi.xsrv.jp/6403

ころにある垂直線上他界の典型である。上から順に最下層までは以下の通りである。*87

等活《とうかつ》地獄：鬼に鉄棒で叩かれ続ける
黒縄《こくじょう》地獄：熱い鉄板の上でのこぎりで刻まれる
衆合《しゅごう》地獄：鉄の山が崩れ落ちて押し潰される
叫喚《きょうかん》地獄：熱湯の大釜や、猛火の鉄室に入れられる
大叫喚《だいきょうかん》地獄：叫喚地獄の十倍きつい
焦熱《しょうねつ》地獄：体を刻まれて鉄串に刺され焼かれる
大焦熱《だいしょうねつ》地獄：上記六つの合計の十倍きつい
無間《むけん》地獄（阿鼻《あび》地獄）：上記七つの合計の一〇〇〇倍きつい

地獄に生まれ変わる場合、不要な殺生をした者は等活地獄へ、殺生の上に盗みをした者は黒縄地獄へ、さらに淫らな行為を繰り返した者は衆合地獄へなどというように、罪状によって行先が決まることになっている。また、無間地獄は最下層にあるわけなので、それだけ地下の深い場所にあり、平安時代に源信（九四二～一〇一七）という天台宗のお坊さんが書いた『往生要集』（九八五年）によると、そこへ落ち切るには、二〇〇〇年かかるらしい。*88「頭面は下にあり、足は上にありて、二千年を経て、皆下に向かひ行く」というわけで、そんな状態でひたすら二〇〇〇年間も落ち続けると人間はどうなってしまうのだろうか

*87　加須屋誠監修『地獄絵を旅する――残酷・餓鬼・病・死体』（平凡社、二〇一三年）を参考にした。この本にはカラーの地獄絵が豊富に掲載されているし、地獄関連のお寺がたくさん紹介されていて、オススメである。

焦熱地獄（長岳寺所蔵）
出典：http://w-dreamlibrary.com/jogokuno_arukikata/pg765.html

*88　源信（石田瑞麿訳注）『往生要集』上巻、岩波文庫、一九九二年、三六頁参照。

…ちなみに、自由落下の法則をこの二〇〇〇年という時間に適用して計算してみると、落下総距離は約一九五〇京《けい》キロメートル（約二〇〇万光年）で、最終的な落下速度は秒速約六億キロになる。

あと一つだけ指摘したいのは、「善因には善果、悪因には悪果」という基本原理についてである。言うまでもなく地獄はこの原理に基づいて想定されている他界である。人をうまく騙したオレオレ詐欺師は、仮にバレずに一生遊んで暮らすことができたとしても、うそをついたという罪状によって大叫喚地獄に落ちて大きな罰を受けることになるだろうが、地獄での寿命はどれぐらいかというと、これも『往生要集』によると、大叫喚地獄の場合は六八二一兆一二〇〇億年であるから、現世の寿命を仮に八〇年とした場合、約八五兆倍の長い期間にわたって、熱湯で煮られ続け、また火で焼かれ続けることになる。*89

3　死者の国

さて、垂直線上他界には、ほかにもたとえば日本古来の黄泉《よみ》の国・根の国・底《そこ》つ国といった地下深くにあるとされる場所や、それと同じようなものにギリシアのハデス、ユダヤのシェオールがある。ハデスとシェオールは旧約聖書や新約聖書にも出てくる概念で、手元にある日本語訳の『新共同訳聖書』ではいずれも「陰府（よみ）」と訳されている。ちなみに、前章でギリシアのタルタ

*89　『往生要集』の記述に基づくと（同書、二七頁参照）、大叫喚地獄での寿命の長さは以下のようにして計算することができる。まず、人間界の八〇〇年をたった一日分の長さとして過ごす化楽天（けらくてん）という神格がいる。この化楽天の寿命は「化楽天時間」で八〇〇〇年（人間界だと八〇〇×三六五×八〇〇〇年）である。ところで、大叫喚地獄の「大叫喚地獄時間」ではこの「化楽天時間」の八〇〇〇年もたった一日にしか過ぎないのであるが、大叫喚地獄に生まれた人は「大叫喚地獄時間」でカウントして八〇〇〇年の寿命をまっとうしなければならない。したがって、これをすべて「人間時間」で計算すると、八〇〇×三六五×八〇〇〇×三六五×八〇〇〇＝六八二一，一二〇〇，〇〇〇〇，〇〇〇〇年ということになる。

ロスという概念を紹介したが、ハデスの場合はそこから抜け出して生まれ変わる可能性がある地獄であるのに対し、タルタロスの場合はそこから二度と抜け出せない地獄である点が異なっている。タルタロスに相当する観念は少なくとも日本にはないだろう。

さて、黄泉の国もハデスもシェオールも暗くて汚れた場所として考えられている点で共通しているが、古典文献などではほとんど言及されていないため詳しいことがわかってない点でも共通している。黄泉の国については、その名称はイザナギとイザナミの神話の中に出てくることでよく知られているが、その場所の内実の詳細は不明である。

ここでは、さらにもう一つの興味深い共通点を紹介しよう。日本神話とギリシア神話には驚くべき類似点があるのである。それは「見るなの禁忌」である。いずれの場合においても、「見てはいけない」と言われていたのに、つい見てしまったが最後、永遠の別れが訪れるというストーリーが展開されている。

これらの舞台は神話であって神々の死後の話であるから、人間の死後について直接的に語っているわけではないが、当時の人々の他界観を表現しているものであることは間違いないので、要するに神も含めた死後の世界一般の様子について語っていると見ることができる。

具体的に比較してみると面白いので、『古事記』とギリシア神話について少し詳しく見てみよう。『古事記』の中のイザナギとイザナミの物語と、ギリシア神話の中のオルフェウスとエウリュディケの物語である。

4　イザナギとイザナミ

『古事記』冒頭部では、イザナギ（男神）とイザナミ（女神）が結婚し、イザナミがいろいろな島や自然を産み出す仕方で日本という国が作られていく物語が展開される。しかし、イザナミは火の神を産んだことがきっかけで死んでしまうのである。イザナミの死を悲しんだイザナギが黄泉の国へイザナミに会いに行くシーンについて、『古事記』から引用しよう。

そこでイザナキノ命《みこと》は、女神のイザナミノ命に会いたいと思って、後を追って黄泉国に行かれた。そこで女神が、御殿の鎖《とざ》した戸から出て迎えたとき、イザナキノ命が語りかけて仰せられるには、「いとしいわが妻の命《みこと》よ、私とあなたとで作った国は、まだ作り終わっていない。だから現世にお帰りなさい」と仰せられた。するとイザナミノ命が答えて申すには「それは残念なことです。もっと早く来てくだされればよかったのに。私はもう黄泉国の食物を食べてしまったのです。けれどもいとしい私の夫の君が、わざわざ訪ねておいで下さったことは恐れいります。だから帰りたいと思いますが、しばらく黄泉国の神と相談してみましょう。その間私の姿を御覧になってはいけません」と申した。

こう言って女神は、その御殿の中に入っていったが、その間がとても長

（漫画の出典：石ノ森章太郎『マンガ日本の古典① 古事記』中公文庫、一九九九年）。

くて、男神は待ちきれなくなられた。それで男神は、左の御角髪《みみずら》に挿していた神聖な爪櫛《つまくし》の太い歯を一本折り取って、これに一つ火をともして、御殿の中に入って御覧になると、女神の身体には蛆《うじ》がたかり、ごろごろと鳴って、頭には大雷《おおいかずち》がおり、胸には火雷《ほのいかずち》がおり、腹には黒雷《くろいかずち》がおり、陰部には析雷《さくいかずち》がおり、左手には若雷がおり、右手には土雷がおり、左足には鳴雷《なるいかずち》がおり、右足には伏雷《ふすいかずち》がおり、合わせて八種の雷神が出でていた。

　これを見てイザナキノ命が、驚き恐れて逃げて帰られるとき、女神のイザナミノ命は「私によくも恥をかかせた」と言って、ただちに黄泉国の醜女《しこめ》を遣わして追いかけさせた。そこでイザナキノ命は、髪に着けていた黒い鬘《かずら》を取って投げ捨てると、たちまち山ぶどうの実が生《な》った。これを醜女たちが拾って食べている間に、男神は逃げのびた。*90

「私の姿を御覧になってはいけません」と言われたイザナギは、なかなか現れないイザナミのことがどうしても気になってしまって御殿の中へ侵入する。そこで目にしたのは、イザナミの体にウジムシがたかるおぞましい光景であった。恥をかかされたと怒るイザナミに恐れおののいて逃げ出したイザナギはなんとか逃げ切ることができたが、「見るなの禁忌」を破った結果、永遠の別れがもたらされてしまったことになる。

　黄泉の国の様子についても簡単に指摘しておこう。まず、侵入するときに明かりとなる火を灯していることから、暗い場所であることがわかる。また、ウ

＊90　『古事記』上巻、次田真幸訳、講談社学術文庫、一九九〇年、六二～六三頁。

ジムシが大量に発生していることから汚い印象も受ける。そして、いろいろな邪鬼のようなものが棲んでいることもわかるだろう。

5　オルフェウスとエウリュディケ

では次にギリシア神話の中からオルフェウスとエウリュディケの物語を取り上げよう。オルフェウスはオルフェウス教を創始したとされる神話的英雄である。竪琴の名手で、野獣や山川草木までも魅了する腕前で知られる存在として描かれている。オルフェウスとエウリュディケは結婚して幸福な生活を送り始めていたが、まもなくエウリュディケは毒蛇に噛まれて死んでしまうのである。どうしてもエウリュディケに会いたいオルフェウスは冥界ハデスに行き、竪琴の演奏によって神ハデスとその妻ペルセフォネの心を動かして、エウリュディケを生き返らせてもらうことになったが……『古事記』とは「見るなの禁忌」を破ったことへの反応に違いはあるが、もたらされる永遠の別れという結末は同じである。

オルペウスはそれ以来、暗い日を送り、彼の竪琴は悲しみの調べを鳴らし続けた。そして遂にこの苦しみに堪えられなくなってオリュンポスへ登り、ゼウスの前に出て、心の悲しみを訴えた後、冥府へ下って妻を求めることを許してもらった。

（漫画の出典：里中満智子『マンガギリシア神話③　冥界のオルフェウス』中公文庫、二〇〇四年）。

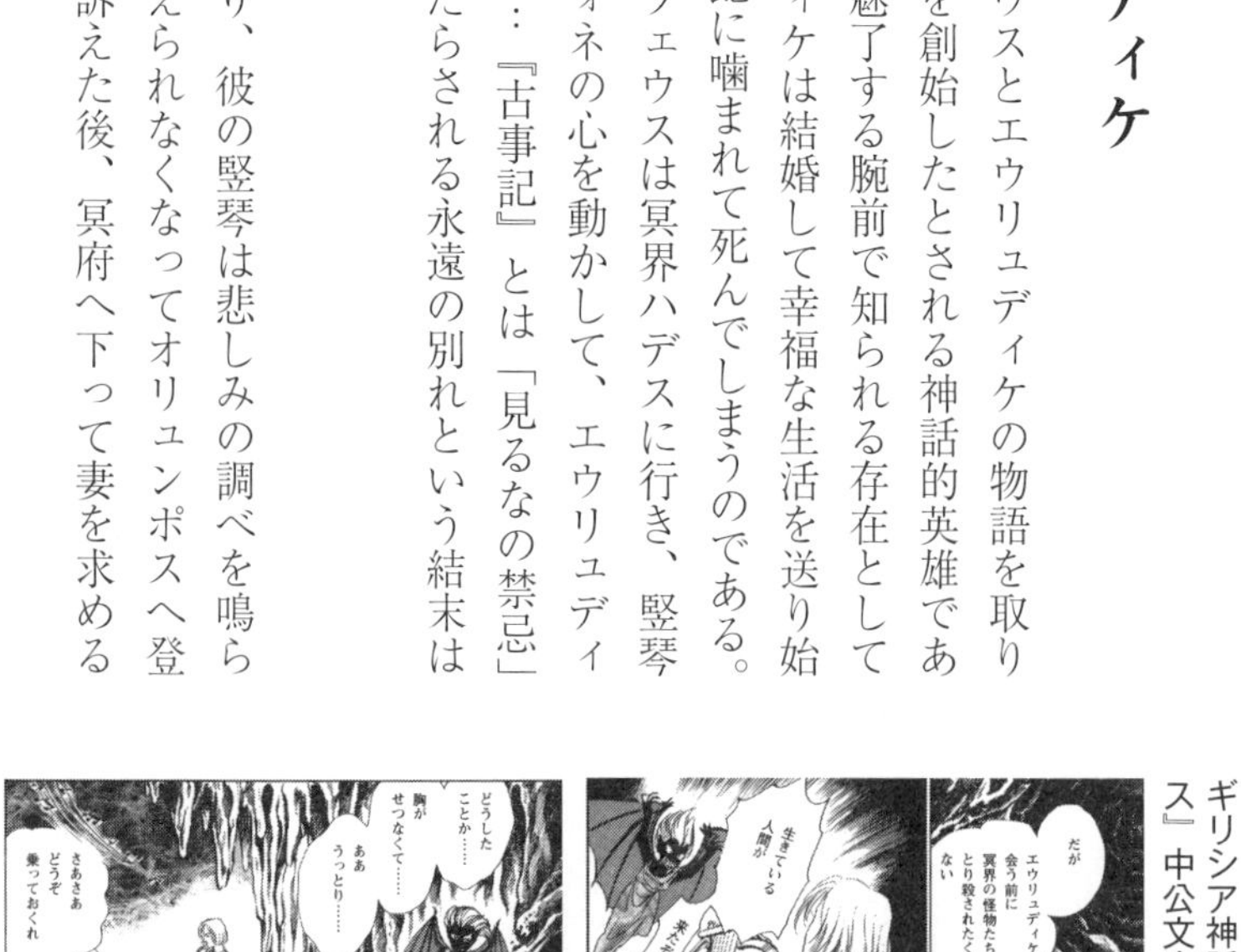

冥府へ下る道には多くの困難があることも承知していた。彼は竪琴を抱えて、冥府の入り口と言われている洞窟の中へ、何も恐れずに入っていった。しばらく暗い道を進むと三つの頭を向けて吠えている犬がいた。これは番犬ケルベロスで、その恐ろしさにどんなものもここを通り抜けることはできないのだが、彼が琴の絃をはじきはじめると、犬は吠えるのをやめ、急になれなれしく体をすりよせて来るのだった。

〔…〕こういう中を進んでオルペウスはハデスとペルセポネの前へ着いた。そしてハデスに自分の願いを述べた。ペルセポネも先程から、オルペウスの奏でる音をきいて、昔の明るい海の景色を想い出して、なごやかな心になっていたので、この妻を連れて帰る願いは、至極簡単に許された。ただ一つの条件は、地上の世界へ戻るまでは、後について行くエウリュディケを決して振り返って見ないことだった。

エウリュディケは呼び出され、まだその姿を見ることはできなかったが、足音が聞こえていた。オルペウスの歓喜はどんどんふくらんで、時々立ちどまっては足音を聞いた。足音は近よって、もう彼のすぐ後ろの、手をのばせば届くほどのところまできた。振り返りたい気持ちを一歩一歩抑えて歩いて行くうちに、彼にはふと疑いの心が動き出した。それはひょっとすると、あれほど簡単に妻を連れ戻すことを許したハデスは自分をだまして、幽霊をつけてよこしたのかもしれない、それだったら、この自分の努力も水の泡だと思った。

この疑いは大きくなるばかりで、もうあと僅かで、冥府からの出口まで来るという時、オルペウスは我慢できずに振り返ってしまった。妻の姿がちらっと見えた。しかし殆んどその同じ瞬間に姿は消えて、妻は再び冥府へ引き戻されてしまった。オルペウスは追いすがったが、妻を抱きとめることはできなかった。アケロンの川まで戻り、渡守カロンにもう一度冥府へ戻ることを頼んだが許してもらえなかった。*91

一読して明らかなように、両神話に共通しているのは、「見ない限りはいっしょにいるが、見てしまえばそれが永遠の別れになる」という難しい状況である。「会いに行ける他界」の想定は死による分離の絶対性を弱める効果があるといえそうだが、しかし決して元通りにはならないという真理が、「見るなの禁忌」をどうしても破ってしまう心理として表現されているのだろう。

ハデスが支配する冥府（＝地獄＝ハデス）の様子についても見ておこう。黄泉の国と同じく、暗い場所であり、また恐ろしさの象徴のようなものとして邪鬼（＝ケルベロス）が棲みついている点も共通している。イザナミがいる黄泉もエウリュディケがいるハデスも、どちらも暗くておぞましい場所であることがわかるだろう。

少し脱線するが、仏教の場合でも「無間地獄」には四匹の恐ろしい「銅の犬」が番犬として棲みついているとされるし、ゾロアスター教の場合でも死者が渡るべき「チンワトの橋」に「四ツ目の番犬」が橋を護っているとされ、ケルベ

*91　串田孫一『ギリシア神話』ちくま文庫、一八八～一九一頁。

ロスとの類似性を指摘することができる。[*92]
死者と犬という関連で私が思い出すのは、ガンジス河の中洲である。ガンジス河に遺灰を流すことについてはすでに述べたが、貧困者や赤子などの場合は遺体を焼かずにそのまま水葬する場合もある。私はバラナシ滞在中に死んだ赤子が流れていくのを二回見たが、たまにそういった死体が中洲に漂着することがある。私はそのようにして漂着した死体を中洲に棲みついている犬が食べている光景も目撃したことがあるので、死者と犬というのはセットになりやすいのかもしれない。
話を戻そう。私は第六章の中で葬儀に参列したさいに付着した「ケガレ」を塩で浄めてから帰宅する日本の風習について少し触れたが、この風習には伝統的に「死」を「ケガレ」として忌避する日本人の考え方が強く現れていると見ることができる。死者の国のグロテスクな様子はこうした「ケガレ」の観念とセットであるといえよう。『古事記』では、現世に戻ったイザナギが「私は、なんといやな穢らわしい、きたない国に行っていたことだろう。だから、私は身体を清める禊をしよう」と言って禊を行うシーンが次に続いている。[*93]
考えてみると神社で葬式が行われることはないが、それは神社という聖域から死者の持つ「ケガレ」を遠ざけるためだといえるだろう。私の実家の裏の神社は、喪中の年に行ってはならないことになっている。

＊92　「四匹」と「四ツ目」に共通している「四」にも何か意味があるかもしれない。

＊93　『古事記』上巻、次田真幸訳、講談社学術文庫、一九七七年、六九頁。

6　水平線上他界

では次に水平線上他界について見ていこう。この手の他界としては、海の彼方や、その先にある島、或いは、とにかく西の方角のはるか向こう、などといったようなものが該当する。海の彼方に他界を置く有名な例は前章でも触れたニライカナイである。

ニライカナイは沖縄や奄美の島々の東南の方角にあるとされ、神々が住む理想郷であり、そこから新しい命がやってくるところの生命の源であり、また、そこへと死者の魂が還っていくところの故郷としての他界である。

「山中他界」の観念における「山」の場合でも、たとえばとくに中国の場合においては、「山」は不老不死の仙人が現実に住むとされる桃源郷のような理想郷と見なされているのと同じで、ニライカナイも来世としての他界と現世における理想郷が同一であるタイプといえる。

ニライカナイを語るのは沖縄や奄美であるが、とくに沖縄には神社の数は少なく、類似のものとして「御嶽《うたき》」と呼ばれる場所がたくさんあることで知られている。こんもりとした森全体が聖域である点で神社と似ているが、森の中には社殿のようなものはなく、少し拓けた空間を遥拝所としている場合が多い。*94 また、遥拝所にもほとんど何も置かれておらず、神の依り代となる小石が置かれただけの非常にシンプルな場所である場合もある。

*94　そういう次第で、沖縄には神社ができる以前における日本の宗教の原始的なスタイルが残されていると考える立場もある。例えば比嘉康夫『日本人の魂の原郷 沖縄久高島』（集英社新書、二〇〇〇年）や、岡本太郎『沖縄文化論——忘れられた日本』（中公文庫、一九九六年）などがそういった立場の典型である。議論の妥当性はともかく、沖縄にはいまも興味深い宗教現象が存在していることを知るにはうってつけの本である。いずれも読みやすいので、オススメである。

沖縄本島で最も格が高い御嶽である斎場（セーファ）御嶽について少し話しておこう。ここは世界文化遺産として有名であるが、とくにいまはこの御嶽の位置に注目してほしい。ここは本島南部の東側の海際に位置している。この位置が非常に重要なのである。

斎場御嶽は首里城の東南の方向にあるが、また本島の東南のへりのでっぱりにあるから、ここから東南の海を見ることができる。東南といえば、ニライカナイがあると考えられている方角である。そして、斎場御嶽からは、東南の海上に一つの小島が見える。この島こそ琉球開闢《かいびゃく》のために始祖神アマミキヨが最初に降り立ったとされる最も神聖な地、久高島である。

久高島にはフボー御嶽という沖縄全土の中で最も格式高い聖地があり、国王はこのフボー御嶽の霊力を重視し、定期的に久高島へ渡航してこの御嶽に巡礼していた。この巡礼には、王妃などの王家の女性が務める祭礼組織のトップ「聞得大君《きこえおおきみ》」も帯同しており、フボー御嶽で国の守護を祈願していたのである。

興味深いのは首里城・斎場御嶽・久高島の位置関係である。地図を見るとすぐに気付くと思うが、この位置関係はニライカナイの方角を中心にした世界観に基づいて構成されていると見ることができるのである。とすると、王と聞得大君の久高島渡航は、フボー御嶽で霊力を得る目的のために為されるものであると同時に、この渡航自体がニライカナイへの擬似渡航を意味していると解釈することができるわけである。

この解釈は私のオリジナルではなく、大学時代の恩師の一人である伊從勉先

御嶽①
出典：https://miyakojimabunkazai.jp/bunkazaiinfo847/

御嶽②
出典：https://www.okinawastory.jp/feature/machimai/sefautaki

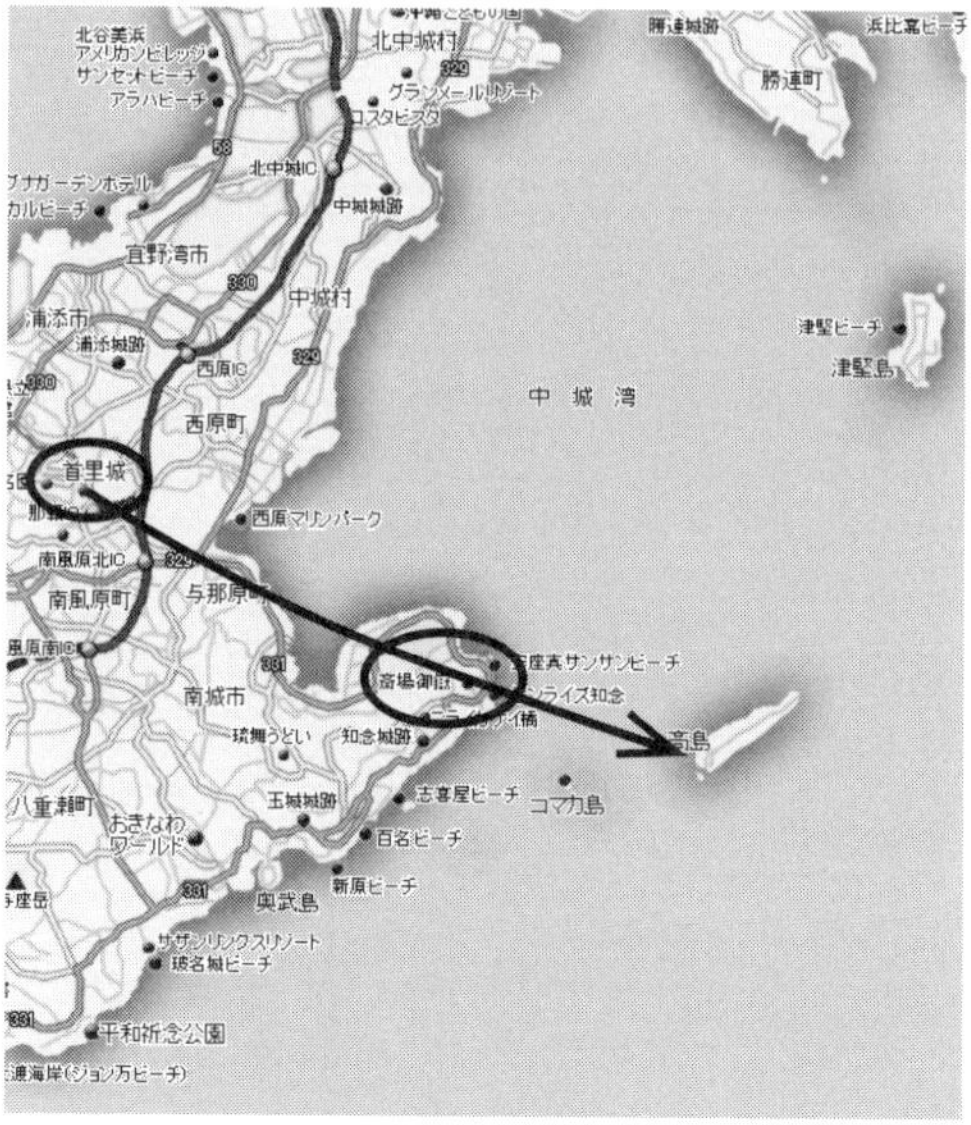

地図の出典：http://vd06092908.mv.ymc.ne.jp/okimap/02.htm（矢印と丸印は根無による）

生が『琉球祭祀空間の研究――カミとヒトの環境学』の中で展開しているものである。*95 私はこの本が出版される前に伊従先生の授業でこの「伊従理論」を学び、とにかく目からウロコだった。私は大学入学以前の放浪時代にすでに久高島には数回訪れていたのでフボー御嶽のこともよく知っていたのであるが、このような見方があるのかと興奮したことを覚えている。

久高島の祭祀（著者撮影　二〇〇四年）

さて水平線上他界の例としては、ヨーロッパのアーサー王伝説に関係する物語群において、アーサー王が死後に向かう「アヴァロン島」や、パプアニューギニアのトロブリアンド諸島の「トゥマ島」が思いつく。前者は架空の島であり、アーサー王伝説の背景にあるケルト人の他界観が反映されていると考えられるものであるが、後者の「トゥマ島」は実在の島であり、実際に人々が生活している島である。「トゥマ島」は死者の魂が住む場所として人々に認識されており、

＊95　伊従勉『琉球祭祀空間の研究――カミとヒトの環境学』（中央公論美術出版、二〇〇五年）の第三部に、首里城・斎場御嶽・久高島の位置関係やこの位置関係が活かされた祭礼についての詳細な議論がある。この『琉球祭祀空間の研究』は大部の研究書で初心者にはハードルが高く、しかも絶版であるので、新書のような読みやすい内容でリニューアル出版してくださらないかなとずっと思っている。

その島では死者（の霊）に遭遇した経験が数多く報告されている。*96

また、西の方角の遥か彼方にあるとされる水平線上他界として、阿弥陀仏が住む浄土を指摘することができる。「浄土は西方十万億土《さいほうじゅうまんのくど》の彼方に存在する」という定型表現がよく用いられるが、「十万億土」というのは、十万億という無数の仏土（仏の国）の存在のことであるから、浄土はそういった無数の世界のはるか先にあると考えられているわけである。

*96　マリノウスキー（高橋渉訳）『バロマ――トロブリアンド諸島の呪術と死霊信仰』未來社、一九八一年（原著は一九四八年）参照。

7　島唄

垂直線上他界にしても水平線上他界にしても、そういう他界が想定されることで、生の意味が変わってくることになる。以前話した神義論の問題にも他界の設定が一つの解決策を与えるだろう。たとえこの世で報われなくても来世で必ず報われるし、この世で繁栄する悪人は来世で間違いなく地獄に行くから、帳尻は必ず清算されるのだという考え方が可能になるのは、そもそも天国や地獄といった他界が想定されるからこそである。つまり、他界は現世における心理的な不安や苦しみを解消する機能を持っているのである。

ほかにもたとえば、この世で果たせなかった約束を来世では必ず果たしたい、とか、来世では絶対結婚しようね、といったような考え方も「生まれ変わり」の前提があるからこそ出てくるものであるし、非業の死を遂げた死者を憐れむ遺族の気持ちは「あの世できっと幸せになっているはず」という希望によって整理される場合もあるだろう。これも他界の想定なしにはあり得ない。

本章の最後に、こういった哀悼の気持ちを歌う名曲を紹介しよう。沖縄戦で非業の死を遂げた人たちのニライカナイでの幸福を祈る歌、THE BOOMの「島唄」（作詞・作曲：宮沢和史）である。

でいごの花が咲き　風を呼び　嵐が来た
でいごが咲き乱れ　風を呼び　嵐が来た
くり返す悲しみは　島渡る波のよう
ウージの森であなたと出会い
ウージの下で千代にさよなら
島唄よ　風に乗り　鳥とともに　海を渡れ
島唄よ　風に乗り　届けておくれ　私の涙

でいごの花も散り　さざ波がゆれるだけ
ささやかな幸せは　うたかたの波の花
ウージの森で歌った友よ
ウージの下で八千代の別れ
島唄よ　風に乗り　鳥とともに　海を渡れ
島唄よ　風に乗り　届けておくれ　私の愛を

海よ　宇宙よ　神よ　いのちよ　このまま永遠に夕凪を

島唄よ　風に乗り　鳥とともに　海を渡れ
島唄よ　風に乗り　届けておくれ　私の愛を

「島唄よ風に乗り　鳥とともに　海を渡れ」というサビは非常に有名なので、ここを聴けばほとんどの人がこの歌のことを知っていると思う。このサビの部分で歌われる「海を渡れ」という歌詞には、死者の魂はニライカナイに行くという沖縄の宗教的世界観が前提されている。死んだ恋人はニライカナイにいる。いつか自分も会いに行くけど、それまで待っていてほしい。だからいまは歌をうたって愛を届けるのだ。私はこのサビをこのような意味に受け取っているがどうだろうか。

宗教学はニライカナイの実在そのものを問題にすることはないとすでに書いたが、ニライカナイという概念があることによって救われてきた人たちがおそらく大勢いるという事実に私は強く打たれるということを記しておきたい。

第10章 いろいろな宗教的実践

1 思想面と実践面
2 儀礼
3 通過儀礼と強化儀礼
4 壮絶な成人式
5 呪術
6 マジナイとウラナイ
7 祈り
8 修行
9 部活動も修行か？

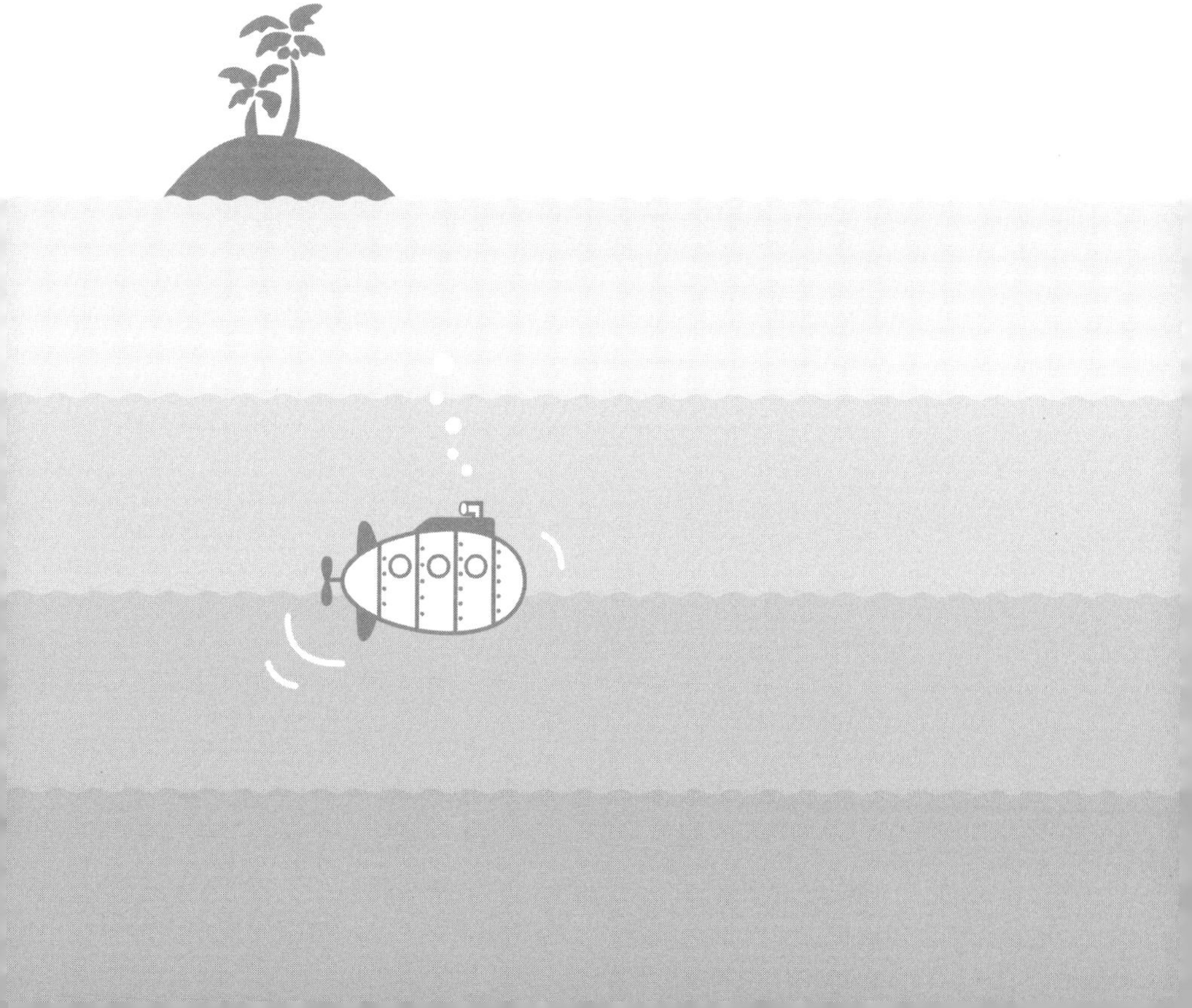

ネム船長の羅針盤

占い師に未来を予見してもらうのも、神社に行ってお賽銭を入れ願いごとをするのも、見方によってはれっきとした宗教的実践である。われわれの日常は宗教的実践にあふれていると見ることもできる。本章では、すでに扱ってきた事例ではないものを主に取り上げることにしよう。

「臨《りん》・兵《ぴょう》・闘《とう》・者《しゃ》・皆《かい》・陣《じん》・列《れつ》・在《ざい》・前《ぜん》！」
……山伏

1　思想面と実践面

第八・九章では死生観を扱ったが、死生観とは要するにその宗教が持つ思想面である。死後の世界をどのようなものとして「考える」か、生の意味をどう「理解する」か。思想は宗教の重要な構成要素であるだろう。

とはいえ、宗教には思想とは別の重要な構成要素がある。それは実践（行為）である。儀礼、祭り、呪術、祈り、修行、巡礼、社会奉仕、教育などの実践が宗教的目的の実現のために行われており、実にさまざまな様相を呈している。本書の最後のテーマは、宗教的実践である。

もっとも、いま言ったように宗教的実践はかなり多様であって、すべてを網羅することはできないので、本書では儀礼、呪術、祈り、修行にしぼることにしたい。それだけでも十分宗教に対する理解が深まると思われるからである。また、これらの諸実践のいずれにおいてもそれぞれに多様な展開を見ることができ、具体例を挙げるならやはり膨大な分量になるだろう。本章では概観するぐらいしかできないが、ところどころで多少つっこんだ考察をしたい。まずは儀礼から見ていくことにしよう。

2　儀礼

儀礼には、たとえば成人式、結婚式、葬式、入学式、卒業式、授賞式などいろいろなものがあるが、個々の儀礼を詳細に検討する時間はないので、ここでも類型化によって概括的に理解を深めることにしよう。

まず、儀礼を「消極的儀礼」と「積極的儀礼」に大別して把握する仕方がある。「消極的儀礼」とは「〜〜してはいけない」という禁止を中心とする儀礼である。これはさらに、聖なるものに近づいてはならないというタイプと、俗なるものを絶たねばならないというタイプの二つに分けられる。

前者については、たとえば、聖域に入ってはいけない、聖なるもの（たとえばご神木）に触れてはいけない、といった禁止・行動制限として表現されるものである。儀礼というとなんらかの行為を思い浮かべるが、これらは「しない

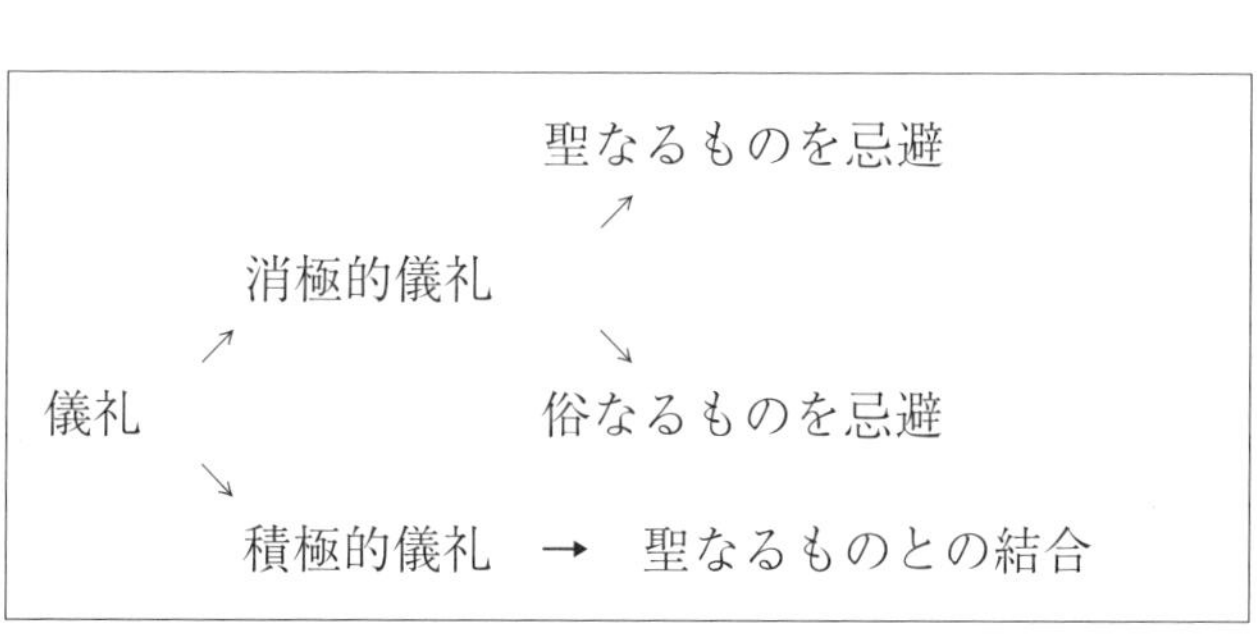

図3：儀礼の分類

という行為」としての儀礼であると考えたらいいだろう。要するに、聖なるものを怒らせて危険な目に遭うことを避けるための儀礼であるといえる。

「俗なるものを絶たねばならない」タイプの「消極的儀礼」としては、祭りに参加する人が行う精進潔斎が典型であろう。祭りの前の一定期間は肉を食べないとか、髪の毛を切らないとか、そういった類の禁止条項を守るタイプである。これは単に俗なるものを避けるだけではなく、聖なるものへ結合するための準備段階としての意味を持っている。この「聖なるものへの結合」を趣旨とする儀礼が「積極的儀礼」である。

たとえば、神輿は一定の期間だけ神が乗る乗り物であるが、神輿を担ぐ人は神という聖なるものとともに練り歩くのであるから、神輿の巡行に聖なるものとの結合を見ることができるだろう。また、祭りのときに社殿に供えたものを、祭りの後にみなで分けて食べることも、聖なるものとの結合の一例といえる。ちなみに、「お供えものを食べる」こういう宗教的実践を「神と人との共食」という。私の実家がある町内で行われる秋祭りのあとには、供え物の巨大なお餅を町内の家の数に分割して配る風習があるが、これも「積極的儀礼」の一つとしての「神と人との共食」だといえる。

また、食べた本人が意識しているかどうかはさておき、神へ捧げたものを共同体のメンバー全員で食べることによって共同体の統合が強化されるという機能をここに見ることができるかもしれない。

ちなみに、「機能」という概念を強調し、共同体内のさまざまな要素が共同体にとってどのような「機能」を有しているかという観点からそれら諸要素を有機的に関連させて理解しようとする立場を一般的に機能主義という。宗教的実践という観点だけなら、餅を分け合って食べることは「神との共食」という意味しか持たないかもしれないが、「機能」という観点を導入すれば、「共同体の統合」という別の意味も見えてくることになる。

3　通過儀礼と強化儀礼

儀礼の類型については、「消極的儀礼」と「積極的儀礼」という区別のほかに、「通過儀礼」と「強化儀礼」という類型もある。人の一生は生理的な観点から見れば連続しているが、社会的身分の観点からみれば、断続的である。成人、結婚、死などいくつかの節目があり、人はこういった節目を「通過」して生きていく。この「節目」に営まれる儀礼が「通過儀礼」（人生儀礼や移行儀礼とも呼ばれる）である。これは主に個人に対するものである。

「強化儀礼」は人間生活の幸福や繁栄を促進し強化するために営まれるもので、たとえば大漁、豊作、疫病退散、戦勝といったような内容の祈願や予祝などが「強化儀礼」にあたる。日本ではたとえば五月末ごろになると、天皇が皇居内の田んぼで元気に田植えをしたことを伝えるニュースを毎年テレビで見るが、これは宗教学的に見れば、「神的な力を持つ天皇が田植えをすることで日本全土の豊作は早くも確定した」として豊年を予祝する「強化儀礼」として解釈することができる。「通過儀礼」が個人的な事柄に軸が置かれているのに対し、「強化儀礼」は主に共同体全体に対して機能するものであるといえるだろう。

ここでは通過儀礼についてだけ少し詳しく見ておこう。さきほど触れたように、人生にはいろいろな節目がある。生誕の三十日ほど後には「お宮参り」があり（実は出産前の安産祈願が最初の節目といえるかもしれない）、一〇〇日ほど後には「お食い初め」があり、その後も七五三があり、さらには入学式、卒業式などもあり、これらはすべて人生における重要な節目に営まれる儀礼であるといえる。

本書の読者の中には大学二年生もたくさんおられるだろう。そして、多くの大学二年生にとって一番関心のある通過儀礼は成人式だろう。一般的に言って、「成人」とは社会に正式に組み込まれる「一人前」を意味するが、この「正式に組み込まれる」ときに営まれるのが成人式である。日本の場合、成人式を通過した人が「正式に組み込まれた」という実感を持つことは恐らくかなり少ないと思うが、それは式自体に「試練」のような性格が皆無だからだろう。

この点では、最近よくニュースに取り上げられている北九州市の「ド派手な成人式」がとても興味深い。北九州市の成人全員が「ド派手」な衣装を着るわけではないが、中には「今日を境にバリバリ仕事を頑張って、母親に親孝行したい」と話す「ド派手な」新成人がいるように、[*97] 形骸化している一般的な日本の成人式の中にあってこの「ド派手な成人式」は子どもからおとなへ移行するための儀礼としてリアルに機能しているように思う。「ド派手」な衣装を揃え

＊97　笠原和香子「なぜ？『ど派手』な北九州の成人式――『一生に一度目立ちたい』『地道に働き費用は自分で』」西日本新聞、二〇二一年一月一六日（https://www.nishinippon.co.jp/item/n/682067/　最終閲覧日二〇二三年三月一九日）。

るための高額費用を地道に溜める必要があるし、衣装屋と何度も打ち合わせをしてお望みの衣装を作り上げてもらうその過程は、成人式を迎えるために必要な準備期間であるといえるかもしれない。*98

4　壮絶な成人式

世界を見てみると、本気で死ぬかもしれないレベルの「壮絶な試練」を課す成人式（とくに男の成人式）がある。たとえば、いまや人気アトラクションの一つであるバンジージャンプはもともとは太平洋の島国バヌアツのナゴールという成人式で行われる儀礼である。約三十メートルの高さから飛び降りるときに足にくくりつける命綱である植物の蔓は、自分で調達し、地面すれすれになるように自分で調整する。蔓の長さが短いとそれだけ安全であるが、しかしそれは「勇気の欠如」を意味し、成人にはなれない。未成年は共同体の会合には出られず、結婚もできない。要するに「いつまでも子どもじみた恥ずかしいやつ」という扱いを受けることになるのである。だから、成人式は当人を次の領域へとステップアップさせる役割をリアルに果たしているといえる。

こういった「壮絶な試練」としての成人儀礼は、アマゾン流域のサテレ・マウェ族が行う「猛毒蟻の成人式」、パプアニューギニアのセピック族の「血の成人式」などが有名である。これらの部族では、何歳になったら大人であるという決まりはなく、大人になりたいと思ったときがそのときであり、成人式にはいつで

＊98　通過儀礼については言及すべき重要な論点がいろいろあるのだが、本書では扱う余裕がないので、巻末の読書ガイドに紹介してある本で適宜補ってほしい。

出典：https://crea.bunshun.jp/articles/-/12304

も挑戦することができる。

「猛毒蟻の成人式」は、刺されると激痛で死ぬ場合もある猛毒蟻パラポネラが数百匹入った手袋の中に手を入れて、約十分間の儀式を耐え抜かねばならない。痛みは数日間続くが、それでおしまいではない。なんとこれを二十回繰り返さなければならないのである。

「血の成人式」を行うセピック族は、ワニが自分たちの先祖であり守り神であると信じている。そこで、セピック族にとって成人することはワニになることを意味する。この成人式では、カミソリで全身八〇〇～一〇〇〇箇所に傷をつけ、傷口に特殊な樹液を塗り込み、ワニのウロコのような模様を作る。失禁したり気絶したりするぐらいの激痛だそうで、ときには失血死にいたる場合もあるらしい。

カミソリで一〇〇〇箇所も傷をつけるとものすごい血が出ることになるが、この流血は、母親から受け継いだ女の血を流しきって真の男になる、ということを意味する。だから、母親とはこれ以降いっしょに食事をすることはできず、儀式前夜の夕食が母親との最後の食事になる。「壮絶な試練」を乗り越えるだけでなく、こういった心理的な断絶の過程を経てはじめて、共同体の正式なメンバーとしてカウントされることになるのである。*99

私は本章第二節の冒頭で「成人式、結婚式、葬式、入学式、卒業式、授賞式など」を儀礼の具体例として挙げたわけであるが、これらの中には宗教が関係していないように見えるものもある。しかし、宗教学的に見ると、これらはい

*99　こういった「壮絶な成人式」については石井研士『プレステップ　宗教学』（弘文堂、二〇一〇年）から学んだ。世界の「過激な風習」について興味のある方は、世界の文化研究会編『本当に不思議な世界の風習』（彩図社、二〇一五年）にいろいろな事例が紹介されているのでオススメである。私が「猛毒蟻の成人式」のことを知ったのもこの本による。

ずれも或るグループに入るために必要な「聖なる儀礼」の系譜にあると考えることができるので、いわゆる宗教臭が抜けて世俗化されてはいるが、その本質は宗教的であると考えることができる。第三章で紹介したエリアーデの「全く非宗教的な人間は、最も強度に非聖化された近代社会においてすら稀な現象である。大抵の〈宗教を失った〉人間は、たとい意識しなくとも、依然として宗教的に振舞う」という言葉をここでも思い起こしてほしい。*100 われわれは何かにつけて「祝い事」や「催し事」を行うが、エリアーデに言わせるとそれらはすべて宗教的であることになるだろう。

*100　エリアーデ（風間敏夫訳）『聖と俗』法政大学出版局、一九六九年（原著は一九六七年）、一九五頁。

5　呪術

では次に呪術について見ていこう。世間にはマジナイとかウラナイなどと言われるものが存在している。ここでは、呪術とはその総称であるとしておく。マジナイにしてもウラナイにしても、何らかの超自然的な力が関わっていて、その超自然的な力を用いて一定の目的を果たそうとするわけであるが、その方法が直接的である場合が呪術、間接的である場合が祈りであると一応は区別することができる。

行為者自身が超自然的な力を発動しようとする場合が呪術であり、これはイメージがしやすい。たとえば、藁人形に釘を打ち付ける行為は、行為者自身が超自然的な力を直接的に発動しようとするものである。これに対して、祈りの場合は、呪術と同じような効果を目的とする場合でも、超自然的な力を持つ他者（＝神や仏）に頼むという形態をとる。だから、超自然的な力を発動するのは神や仏であって、人間の行動それ自体には超自然的な力はないので、祈りは間接的である。

少し脱線するが、直接的か間接的かという観点を強調すると、呪術と宗教を正反対の概念とみなす立場になる。たとえば、宗教を「超越的存在者（＝他力）への帰依」とみなす立場（一神教に多い）にとっては、世界のすべては神の摂理に基づくと考えるから、救われるかどうかは純粋に「他力」によることになる。「他力」こそ宗教の本質であると考える立場からすれば、禅仏教や原始仏教を典型とする「自力」タイプの宗教は宗教ではない、というよりもむしろ、「他力の反対」である限りで「宗教の反対」であるわけで、「自力」の一種である呪術も当然宗教ではないし、「宗教の反対」であることになる。

また、呪術は別の観点からも宗教と対比的に把握されることもある。宗教進化論である。これは「呪術➡宗教➡科学」といった進化を想定するもので、呪術は因果関係に対する間違った理解から生じる原始的な文化現象であると考える立場である。この立場はまた、――自力と他力の観点にも関係してくるが――、呪術は超越的存在者を統御しようとするが、宗教は超越的存在者に懇願する点で区別されると考える。この区別にはなるほどと思わせるものがあるが、やはり宗教進化論は少なくともそのままの形では受け入れられないだろう。現代の先進諸国にも呪術が根強く残っているからである。[*101]

＊101　呪術と宗教の関係については、両者を排他的な関係と見るべきか、それとも、両者には本質的な違いはなく単なる程度の差と見るべきか、といった問題がある。問題を概観するには小口偉一編『宗教学』（弘文堂、一九八一年）の第一章がよい。

6 マジナイとウラナイ[*102]

さて、呪術はその働き方の形態からみて、二種に大別することができる。それはまさしくマジナイとウラナイであり、「マジナイ型」と「ウラナイ型」と呼んでいいだろう。まず、「マジナイ型」から見ていこう。これにもおよそ二種類のものがある。一つは「類感呪術（模倣呪術）」と呼ばれるものであり、もう一つは「感染呪術」と呼ばれるものである。

先ほど例に挙げた「藁人形に釘を打ち付ける」行為は、類感呪術（模倣呪術）の典型である。藁人形はたとえば恋仇を「模倣」しているので、これに釘を打てば、その恋仇にも藁人形と「類似」の結果がもたらされるというロジックである。ほかにも、たとえば日照り続きで雨が降らず作物が育たないときに「雨乞い」が行われたりするが、ただ空に向かって祈るだけではなく、黒煙を立てたり、水をまいたり、太鼓を叩いたりして、雨雲・降雨・雷鳴を「模倣」し、「類似」の結果を期待する。

感染呪術は、一度接触したものは離れた後も一方から他方に作用し続けるという考え方に基づく呪術である。たとえば、他人の髪の毛や爪や持ち物などを焼き払うことでその人に何らかの災厄を「感染」させようとするようなタイプがこれである。古代の部族闘争などにおいては、倒した相手の装備を身に着けたり、頭蓋骨を盃にして酒を飲んだりする場合があったらしいが、その対象に

＊102 この節は岸本英夫『宗教学』（大明堂、一九六一年）に大きく依拠している。

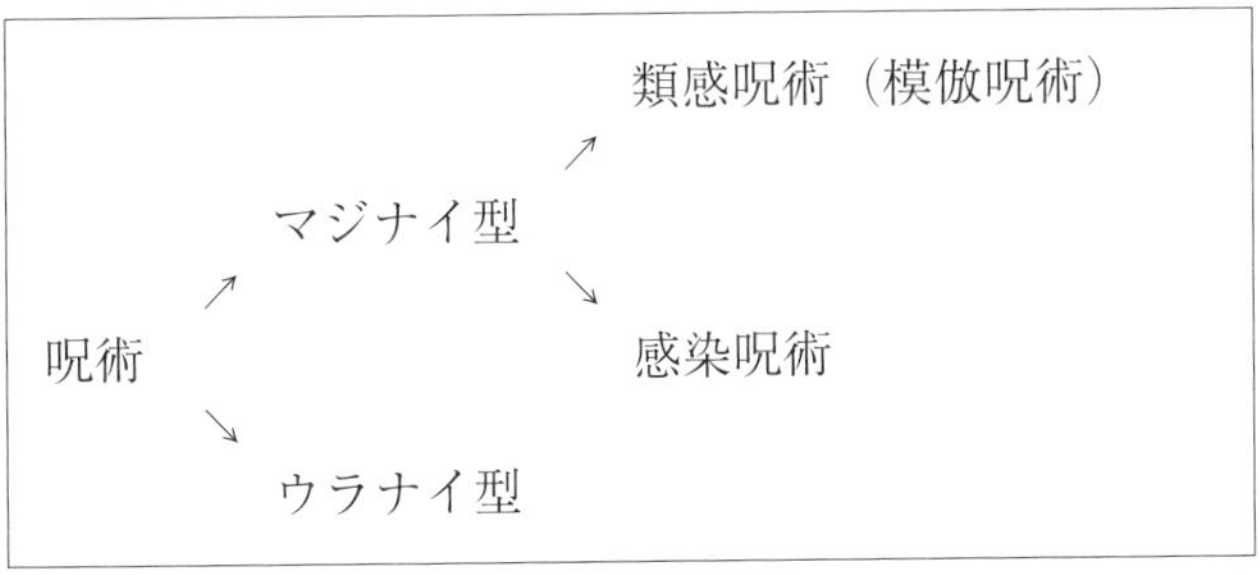

図４：呪術の分類（出典：岸本英夫『宗教学』大明堂、1961年、p.52）

なるのは強敵であって、弱い相手のものではない。これも、強敵のパワーを自らに「感染」させようとする感染呪術の一例であろう。藁人形に関しても、その中に呪う相手の髪の毛や爪を入れる点では感染呪術であるといえる。

ウラナイ型の呪術は、行動の選択に迷う場合に、超自然的な方法でそれを決定する役割を果たすものである。行動の選択には未来への予測が深く関係しているし、優れた選択を行うためには前世についての知識も役立つかもしれない。こういった問題群がウラナイ型呪術の対象である。

典型的なのは、卜占《ぼくせん》の類であろう。おみくじ、八卦《はっけ》、日柄方角の吉凶、生まれ月、天体の位置、姓名の字画などはすべて行動決定を導く役割を果たし得る。これらは膨大に積み上げられたデータに基づいている場合が多く、かつては「先端科学」として機能していた事実があるが、占い師のところへ行き、前世での姿を占ってもらったり、未来のできごとを占ってもらったりすることで、よりよい行動を選択しようとする人は現代でもかなり多いだろう。

こういったもののほかには、たとえば、以前紹介したイタコの憑霊現象もこのタイプに数えることができる。「神がかり」になった人間が亡母の言葉や神のお告げを伝えることは、行動の決定に強力な影響を与えるものであり、一種のウラナイであるといえるからである。こういった「神がかり」の憑霊現象は、世界中に広く認めることができる。

さすがに憑霊現象が日常の身の回りにある人は多くはないと思うが、星占いはテレビなどでかなりひんぱんに目にするだろうし、初詣で毎年おみくじをひく人もかなり多いだろう。また、「あこがれの芸能人」と同じものを身に着けるのは一種の感染呪術である。このように考えると、日本人は間違いなく呪術が大好きな国民であるといえる。

7　祈り

呪術は超越的力を当事者が直接発動させるものであるから、自分を強大化させるような趣があることになるが、それと好対照をなすのが祈りである。祈りの場合は超越的存在者に力を発揮してもらうよう懇願する点で、自分の無力を明確化するといえるからである。

世界には実に多様な祈りの方法があって、それらを紹介すればかなりおもしろいのであるが、もはやその余裕はないので、ここではいま話したこの無力化を焦点にして簡単な考察を行うことにしよう。

祈りという営みには、無言で念じるものもあれば（黙祷型）、声に出して一定の聖句のようなものを唱えるものもあるし（定形型）、大人数で行われる場合（集団型）など、多様な形態があるが、いずれにしても自分ではどうにもならない問題の解決を超越的存在者に依頼する懇願という内容を持つことに特徴がある。自分ではどうにもならないという実感が祈りの重要な発動源であるとすると、自分の非力さ・無力さがその背景にあることがわかる。

このように、祈りは自分の非力さ・無力さを前提にするとしても、懇願によって超越的存在者が自分のために働くのであれば、超越的存在者を自分の思い通りに動かして操ってやろうという意図のもとに行われる祈りも出てくるだろう。こうなってくると、これは実質的に呪術と何も変わらないということになる。

たとえば、火を焚いて真言を唱える仏教の加持祈祷は現世利益の方法として広く行われているが、これは加護を得ようとして仏を操る営みであるともいえるので、たしかに懇願ではあるが、明らかに呪術的であるだろう。「無力さ」そのものに根差す「純粋な祈り」であるとはいえない。また、修験道の修行者（山伏）が護身を目的として唱える「臨《りん》・兵《ぴょう》・闘《とう》・者《しゃ》・皆《かい》・陣《じん》・列《れつ》・在《ざい》・前《ぜん》」も同様に呪術的であると見てよいだろう。

とすると、「神さま、どうか私を救って下さい」という祈りも、神を動かして救ってもらうという発想であることには変わりがないから、これもまた呪術と本質的には変わらないかもしれない。このように考えてみると、要するに無力さ・非力さを補おうとする限りは、それは呪術になるといってよいだろう。祈りと呪術の区別はなかなか難しいといえる。

しかし、呪術とは明確に区別されるような、純粋に「無力さ」に根差した祈りもある。典型は「南無阿弥陀仏」である。「南無」とはサンスクリット語の「ナマス＝帰依」であるから、この定型表現の直訳は「阿弥陀仏に帰依する」である。ここで重要なのは、帰依の度合いである。帰依の度合いが高ければ高いほどそれだけ救いの度合いも高くなると考えてよいが、そもそも「帰依の度合い」とはどういう基準で測られるかというと、「自力」がなければないほどよい、と

出典：喬正院（知多半島にある真言宗の寺院）HP

いう点にある。

南無阿弥陀仏と唱えれば救われると説いたのは親鸞である。親鸞は「善人でさえ救われるのだから、悪人はなおさら救われる」と言っている。この意味は、善人は自分で善行を積んでいるという意識を持っているから、「自力」に頼っていて、それだけ「他力＝阿弥陀仏の救いの力」へ自分をゆだねる度合いも低くなるということである。

しかし、悪人（戒律を守れない社会的弱者）は「自分はもはやどうしようもない存在であり、到底善行などはできない」と考える。だから、悪人には「自力」が一切なく、「他力」に自分のすべてをゆだねるしかないという態度が生まれる。親鸞はこのロジックを重視するのである。このようなロジックの重視は、遠く離れた場所で成立した聖書の言葉にも表れている。

自分は正しい人間だとうぬぼれて、他人を見下している人々に対しても、イエスは次のたとえを話された。「二人の人が祈るために神殿に上った。一人はパリサイ派の人で、もう一人は徴税人だった。パリサイ派の人は立って、心の中でこのように祈った。『神さま、わたしはほかの人たちのように、奪い取る者、不正な者、姦通を犯す者ではなく、また、この徴税人のような者でもないことを感謝します。わたしは週に二度断食し、全収入の十分の一を献げています。』ところが、徴税人は遠くに立って、目を天に上げようともせず、胸を打ちながら言った。『神様、罪人のわたしを憐れんでください。』言っておくが、義とされたのはこの人であって、あのパリサイ派の人ではない。だれでも高ぶる者は低くされ、へりくだる者は高められる」。

……「ルカによる福音書」一八・九～一四

この徴税人の言葉が、私が「純粋な祈り」と表現した典型である。ここには「自力」は一切ないだろう。パウロは「自分には善行を行う力がない」と言い、親鸞は「自分が善行をするにしても、それは自分の力でやっているのではないから、非善・非行である」と言っている。「南無阿弥陀仏」がこのような態度から唱えられる場合、それは「阿弥陀仏を動かして救ってもらおう」という呪術的な態度ではない。祈りと呪術の違いについて、このように理解することもできるだろう。

8　修行[*103]

最後は修行である。修行は、伝統的に西洋ではあまり発達せず、東洋の宗教で重たい役割を果たしている。たとえば、「修行」にぴったりとあてはまる英語の言葉がないことからも、そういった東西の違いが伺われるだろう。「training」は「訓練」であり、「discipline」は「しつけ」、「exercise」は「練習」である。「spiritual exercise」とか「ascetic（禁欲的な）exercise」と表現するしかない。

＊103　本節は岸本英夫『宗教現象の諸相』（大明堂、一九七五年）によるところが大きい。

修行に対する東西の温度差は、神概念に関わっている。西洋の場合は神を前提とするキリスト教がさきほど述べたような「他力」の構造を特徴的に持っているから、当然「自力」の典型である修行は発達しない。東洋においては、浄土宗や浄土真宗が例外的なのであって、原始仏教にしても禅仏教にしても、人格神のようなものを想定せず、「自力で悟る」ことを目指す傾向が強い点については すでに指摘した通りである。

さて、修行は救いや悟りといった宗教上の目的との関係からいって、あくまで手段である。だから、手段には様々な工夫が見られ、それだけ多様な修行が存在することになる。個々の修行を詳細に検討する時間はないので、修行について一般的に指摘できる主要素として、①動機、②指導者、③環境、④方法について取り上げることにしたい。

まずは「①動機」について。修行を実践する人の動機にはいろいろあるが、「一定の神的境地への到達」「心身の鍛錬」「信仰・信念の強化」「懺悔滅罪」「感謝」「特殊能力の獲得」といったものが挙げられるだろう。これらはすべて最終的にはその宗教の目的を達成するための手段であるから、この目的がしっかり定まっていないと、効果は十分に得られないし、間違った方向へ進んでしまい、むしろ逆効果である場合も出てくる可能性がある。第六・七章で「神秘主義」が善悪を超越するような性質を持つことに触れたが、間違った方向へ進むと、悪を善と取り違えてしまう大惨事に陥ってしまいかねないだろう。

そこで重要になるのが「②指導者」である。修行者を正しく導くことができる「師匠」がいるかいないかが、目的達成の成否を大きく分けることになるだろう。こういった「師匠」はたんに修行内容を適切に指導できるだけでなく、修行の成果をその人格上に備えた理想像としての役割も果たしている。修行者にとっては「師匠」が具体的な目標であるといえる。

修行の効果を最大に引き出すためには、修行が行われる場所の選定も重要である。「③環境」が整っていないと、同じ修行を行っても効果が薄い場合もあるだろう。どういう環境を理想とするかは様々であるが、静かな瞑想を行うためには静かな場所がいいだろうし、身体の鍛錬を目的とするなら、険しい山、冷たい滝といった過酷な環境が選ばれることになる。

「④方法」についてもかなり多様であるが、およそ共通していると思われる特徴として「反復」を指摘することができる。「反復」される行為は、単純な様式の、それ自体は簡単なものである場合が多い。たとえば、人間は声を出すことができるから、発声行為に一定の形式を与えれば「声の行」として修行になる。読経《どきょう》、声明《しょうみょう》念仏《ねんぶつ》、唱題などが典型である。

「声の行」のほかにも「手の行」がある。お経を写す、木魚を叩く、太鼓を叩くといったものが典型である。それ自体は単純であるが、宗教的な方向付けがあれば立派な修行になるだろう。「足の行」も同じで、歩くこと自体は誰でもできることであるが、たくさん歩く、厳しい山道を歩くといった条件が整うと、徒歩も修行になる。巡礼や霊山への登山なども「足の行」であるといえる。

ほかにも、呼吸を制御することによって精神の集中を狙うタイプの修行もあるし、瞑想や観想念仏というような、イメージを観ずるタイプの修行もある。そして、修行といえばまず思いつくのが苦行である。「断食」「不眠」「寒行」「山岳抖擻《さんがくとそう》」など、さまざまなものがあるが、中でも断食が最も有名だろう。苦行としての断食にもいろいろなものがあり、一日一食だけ、一日米一粒だけ、一切食べず水も飲まない、といった「減らすタイプ」だけでなく、特定のものを食べ続けることも苦行になる。かつては糞便を食べるといったものすごい修行も行われており、宗教的目的が尋常ならぬ領域に位置しているから、それにともなって相対的に修行も尋常ならぬものになっていくといえるだろう。

9　部活動も修行か？

本章ではここまで具体的な宗教的実践についていろいろ見てきたが、すでに述べたようにそれらはほんの一例に過ぎず、書き残したことも多い。たとえば、祈りや呪術、修行などは一見自分には無関係に思われるかもしれないが、初詣に行ってお賽銭を入れ、鈴を鳴らして新年のお願いをすることも祈りであるし、おみくじや星占いは呪術の一種である。このように考えると、本書ではこれまで主題化はしてこなかったものの、あちこちで宗教的実践についてすでに扱っていたともいえる。

さて、本章では最後に修行を取り上げて、その営みを構成する動機、指導者、環境、方法という四つの条件を見てきたわけであるが、修行に関連させて一つの問題提起をしたい。それは、学校生活における部活動は修行といえるかどうか、という問いである。読者の中にはすでに、部活動にも修行と同じような条件を見ることができるのではないかと気づいた方もおられるのではないだろうか。

取り上げた四つの条件に照らし合わせながら考察してみよう。「動機」については、「心身の鍛錬」や「感謝」は部活動の理念そのものであるし、「特殊能力の獲得」も部活動の目的に含めてもよいかもしれない。部活動は一般の人にはとうてい不可能な技術の習得に関わっている場合が多いからである。

また、高校野球や高校サッカーをテレビで見ていると、チームには立派な「指導者」がいる。「指導者」と生徒たちとの間には、コーチと選手という関係以上のものがあるように見える。「敗者のロッカールーム」の様子が感動的なのは、両者にしっかりとした人格的結びつきがあるからだと思う。

「環境」についても、強いチームにはそれなりにしっかりしたトレーニング設備が整えられているだろうし、強くなるためには「反復」練習が必須であって、基本的に毎日同じタイプの練習を行うという「方法」を多くの部活動が採用しているはずである。このように見てみると、「部活動」は修行の条件をすべて満たしているように思われる。

熱心な部活動に対して「宗教みたいだ」という言い方がなされる場合があるが、この「宗教みたいだ」という表現は、一般的にいってかなりのマイナス負荷を帯びている。この表現がその部活動に対して明らかに批判的な文脈で述べられているということは、私自身が何度も耳にしてきたからよく知っている。

　本書の読者なら、こういう表現を用いる場合の「宗教」という言葉の意味を問いただすだけの力をすでに身に付けているだろう。恐らくこの場合の「宗教」とは「創唱宗教」であり、「教祖」「信者」「教団」「戒律」などが関わっているタイプの「宗教」であり、しかもとくに問題をおこしたり犯罪にかかわったりした「宗教」が念頭に置かれているに違いない。

　過激なテロを行うムスリムをもってイスラム教全体を批判するなら、それは大間違いであって、ムスリムのテロリストはごく少数であるし、そもそもイスラム内部からもそういうテロ行為をするムスリムはムスリムではないという批判さえある。これとまったく同様に、一部の犯罪的教団に宗教全体を代表させるような態度は、視野の狭い幼稚さと冷静な判断ができない愚かさの証拠である。

　修行という営みが宗教的であるとするなら、場合によっては部活動も宗教的であるといえるのではないかと私は思う。重要なのは、この「部活動も宗教であるといえると思う」という私の判断は、たんなる事実判断であって、決して価値判断ではないということである。私のこの判断にとって、「宗教的であることがいいのか悪いのか」ということはまったく関係がない。ひたすらただの事実として、宗教学的に見た場合に、部活動も宗教的だといえるのではないか、と言っているだけである。

　私の言っている意味がわからない人は、本書を最初から読み直してほしい。

私に言われるまでもなく私と同じ意見になった人は、本書を卒業して次のステップへと進んでほしい。

終章

本書のおわりに

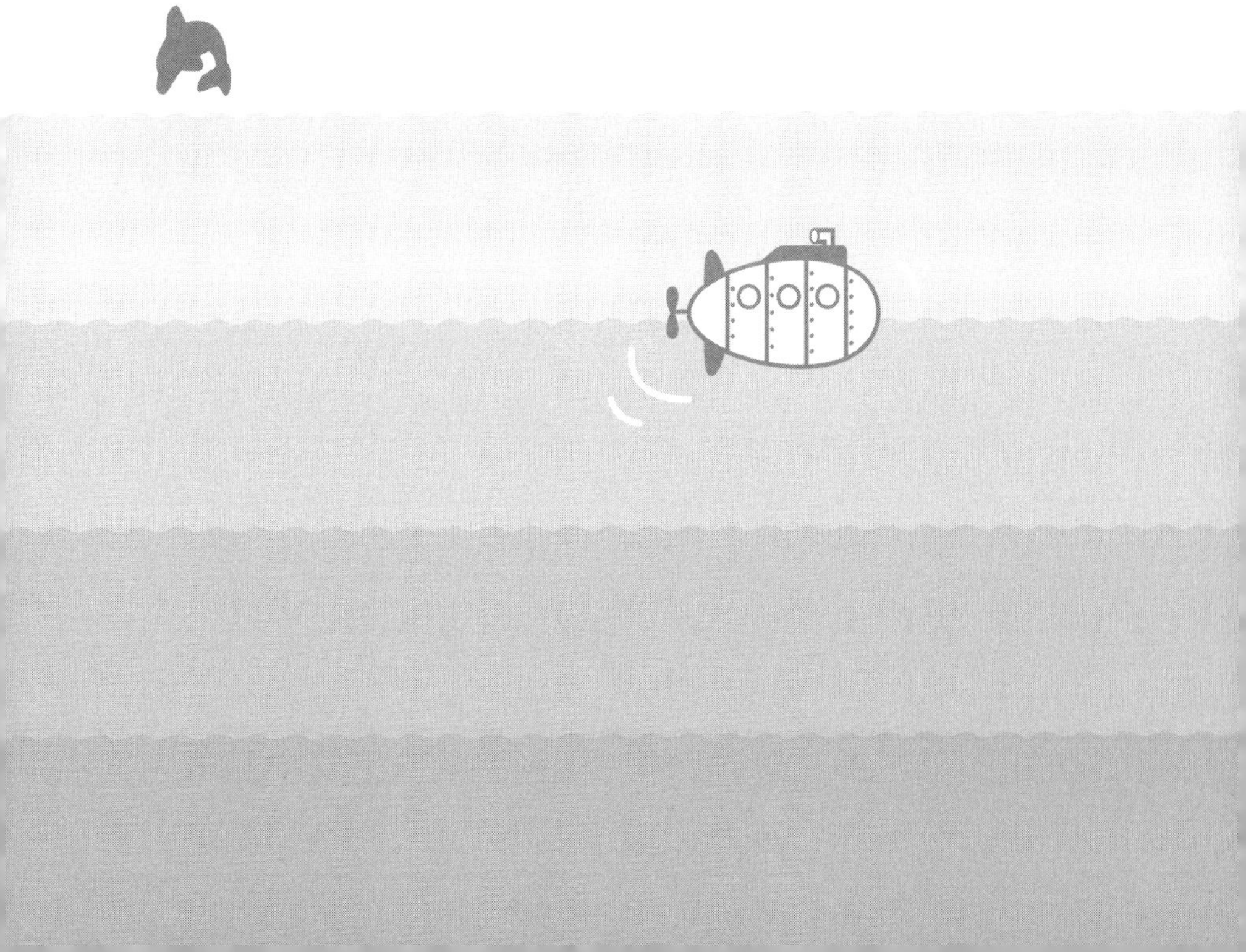

第一章で私は自分の経験について語り、その中で出てきた宗教的概念を問いの形で整理して、本書を読めばそれらの概念について考察する力が身につくと述べた。問いは以下の通りである。

①「浄土」と「天国」の違いは何か
②「浄土」は実在するか
③「浄土」はどこにあるか
④「浄土」とはどのようなものであるか
⑤「浄土・浄土」となぜ皆が言うのか
⑥「浄土」は安心を与えるための方便に過ぎないのか
⑦死者はみな「浄土」に行くのか
⑧「阿弥陀仏」と神はどう違うのか
⑨「阿弥陀仏」とはどのようなものであるか
⑩「阿弥陀仏」は実在するか
⑪なぜ「鳥葬」というものがあるのか
⑫なぜ日本では死を覆い隠すのか
⑬なぜ遺灰を河に流すのか
⑭なぜ沐浴するのか
⑮「聖と俗」の区別にはほかにどのようなものがあるか
⑯なぜ「今日はツイている」のか

本書の最後に、簡単にではあるがこれらについて一つ一つ確認していくことにしよう。まず①（「浄土」と「天国」の違いは何か）については、第八章で扱った「垂直線上他界」と「水平線上他界」という概念を用いて所在の違いという観点から考察することが可能である。「浄土」は「水平線上他界」であって「西の方角」にあり、他方で「天国」は「垂直線上他界」であって天の高みにあると人々は考えている、と分析することができるだろう。また、「浄土」は輪廻から解脱した者が行く場所であると考えられているのに対し、天国には「解脱」の概念は関わっていないと見ることができるが、第六章で扱った「すくい型宗教」という観点から見れば、ともに同じような場所であるといえるだろう。

②（「浄土」は実在するか）は宗教学の問題圏外であることはもう十分に理解しておられると思う。

③（「浄土」はどこにあるか）は「浄土はどこにあると考えられているか」という問いに設定し直した上で、①のところで述べたように「西方にあると考えられている」と答えることができよう。④（「浄土」とはどのようなものであるか）も③と同じく、「浄土はどのようなものであると考えられているか」という問いとして扱い、①で述べたように「解脱した者・救われた者がいる場所と考えられている」と答えることができる。

⑤（「浄土・浄土」となぜ皆が言うのか）は⑦（死者はみな「浄土」に行くのか）と同じ問題系であって、第八章で述べたように、浄土真宗は死者は直ちに「成仏」して「浄土」へ行くと考えるので、ネム家の宗旨が浄土真宗であるという

その文脈に着目すれば、「浄土・浄土と皆が言う」のは至極当然のことであるが、もちろん浄土真宗ではない場合には事情が違ってくるので、「死者はみな浄土に行くと考える立場もあれば、そうでない立場もある」と答えることができる。

⑥（「浄土」は安心を与えるための方便に過ぎないのか）についてはいくつかの答え方が可能である。まずは、第三章で紹介した宗教批判の立場からすれば、「遺族を安心させようという願望を充足させるための幻想」だということになるだろう。しかしまた、宗教学の範囲内で答えるなら、第十章第二節で紹介した「機能」という観点が大きな示唆を与えてくれる。つまり、遺族の悲痛を和らげて、生活を再び可能にするために「機能」していると答えることができる。時代によっては一家族が悲嘆にくれて労働力にならないなら共同体の運営が著しく滞るという場合もあっただろう。「浄土」の観念は共同体内の平和の維持のために「機能」しているともいえるかもしれない。とにかく、この場合は「浄土」が「方便」であるかどうかはどうでもよく、「浄土」の観念が実際に一定の意味を持って「機能」しているという事実が重要だというわけである。

⑧（「阿弥陀仏」と神はどう違うのか）の「阿弥陀仏」については、「浄土真宗における絶対的な超越的存在者」として規定することができるのでそれでよいが、「神」については本書のいろいろな箇所で論じてきたように単一的な概念ではないという点をまずはおさえる必要があるだろう。神は神でも一神的宗教における神か、多神的宗教における神か、それとも神秘主義的な神か、或いはまた、アニミズム的宗教において自然の背後にいる霊的存在者なのか、「神」

という言葉を用いる人がどのような意味でその言葉を用いているのかということをまずははっきりさせる必要があるだろう。「阿弥陀仏と神の違い」を論じるのはその後である。

⑨（「阿弥陀仏」とはどのようなものであるか）は⑧で規定した「浄土真宗における絶対的な超越的存在者」とまずは規定することができるが、「浄土真宗は阿弥陀仏のことを、それに帰依することで必ず『浄土』へと救いとってくださるありがたい仏さまと考えている」というようにも答えることができよう。

⑩（「阿弥陀仏」は実在するか）は②と同じで宗教学の問題圏外である。

⑪（なぜ「鳥葬」というものがあるのか）について考えるためには、ほかの葬法にはどのようなものがあるかということを考えてみるとよいだろう。火葬、土葬、水葬などが世界のメジャーな葬法であるが、火葬のためには大量の木材が、土葬のためには掘ることが可能な柔らかい土壌が、水葬のためには大きな河川や海がそれぞれ必要であるが、鳥葬を行うチベットはそういった環境条件を満たさないという実際上の問題があるらしい。しかし、（当の宗教がどのように考えているかはさておき）宗教学的な観点からすれば、肉を食べるハゲワシが空高く舞うところに意味を見出すことができそうである。死者が天の高み（垂直線上他界）へと昇るために、ハゲワシが神の使者として訪れるという理解が可能かもしれない。

⑫（なぜ日本では死を覆い隠すのか）に関しては、日本では伝統的に「死」を「ケガレ」として理解してそれを慎重に避けることについては、第六章第六節や第

九章第五節で述べた通りである。私は父方の祖母の葬儀で喪主を務めたときにこの点に関して強く感じたことがある。斎場では死者の火葬の開始のタイミングは喪主に託される。それは、火葬炉へ棺を入れた後に、その火葬炉のドアを閉める役割が喪主にあるからである。そして、その役割は壁にあるボタンを押すことなのである。ボタンを押すと、金属のドアが閉まって火葬が始まることになる。ボタンを押した瞬間、この作業はなんと非人間的なことかと強い憤りの気持ちが私の中に沸き上がってきた。私には、生者と死者を分厚い金属性のドアで分断するこのやり方は死者を冒瀆しているようにさえ思われた。日本ではインドのように屋外で開放的に火葬することが不可能であることぐらいわかっているが、なんとかならないものだろうか。この「分断」は、「死」を「ケガレ」として扱ってきた日本の伝統の行きついた先なのかどうか、一度ゆっくり考えてみたい。

⑬（なぜ遺灰を河に流すのか）と⑭（なぜ沐浴するのか）には水というものに対する「清浄さ」の感覚が関わっていると見ることができる。第一章第五節で紹介した神社の手水舎について思い出していただけばよいだろう。水で手を洗うのは聖域に入る前に「ケガレ」を落とすためである。より典型的なイメージとしては、滝に打たれる滝行が好例だろう。いずれにしても、身を浄めるために水が重要な役割を演じている。このように考えると、遺灰を河に流すことの背景には、生前に積み重ねた罪を洗い流す水の洗浄力への期待があると見てよいだろう。「沐浴」も同じで、「ケガレ」や「罪」を洗い流すためであるとい

える。

ちなみに、私がインドを放浪していたのは二月で朝晩は冷え込む時期だったが、昼間は上半身裸で過ごしていたぐらいで、日本の真夏と変わらぬ暑さであった。しかし、ガンジス河の水はかなり冷たくて長時間はとても入っていられなかった。ガンジス河の源流はヒマラヤ山系の雪解け水らしいので、この冷たさにも納得である。そして、この冷たさが清浄さの秘訣のような気がする。滝行も真冬の方がいかにも効果がありそうなのと同じである。

⑮（「聖と俗」の区別にはほかにどのようなものがあるか）については第一章のテーマでもあって、いろいろな「聖と俗」の具体例を見ていただいたので、すでに十分理解されていると思う。

⑯（なぜ「今日はツイている」のか）についても、すでに第三章の第二節で「バチ」や「ツキ」について取り上げているので解説不要であろうが、本書のタイトルなので簡単に見ておこう。「バチ」や「ツキ」といった概念の背景には超越的存在者や超越的力が関係していた。鳥居におしっこをしたので「バチ」があたり、パワースポットに行ったので「ツキ」が呼び込まれる。「バチ」と「ツキ」の正体は、偶然的に生じた「罰」と「幸運」が、超越的存在者や超越的力によって必然的にもたらされたのだと考えるところにある。
もっとも、「ツキ」の場合は、こういう因果性とは無関係の場合もあって、信号がたまたますべて青で快調に目的地にたどり着くことができたときなども「ツイている」と表現されるだろう。しかしこの場合でも、なぜそういう幸運が「ほ

かならぬまさにいま」「ほかならぬまさに私に」もたらされるのかは、偶然が重なったというにはあまりにも都合よくできすぎているゆえに、偶然以上の何かがあるような気がしないでもない。宗教学的に見れば、この「偶然以上の何か」こそ、無自覚的に想定された超越的存在者や超越的力である。

　ざっと以上のように十六の問いについて考察してみたが、もちろんこれで十分であるわけではなく、見落としている点も多々あるはずである。また、本書で取り上げたたくさんの事例についても同じことがいえる。私の分析は決して十分なものではないし、触れることのできなかった論点や、そもそも見落としている論点もたくさんあるだろう。

　だから、読み進めていくにつれて本書に「物足りなさ」を感じるようになっていった読者もきっといると思う。もっとくわしく説明してくれ！と感じた箇所がたくさんあるだろう。しかし、それは宗教についてさらに学びたいという意欲をすでに持っている証拠である。そうであるなら、本書の役目は無事に終えられたといっていいだろう。

読書ガイド

というわけで、そういう熱心な読者のために次の読書ガイドを用意した。宗教についての本はそれこそ星の数ほどあって、学びたいけど何を選べばよいかわからないという方も多いと思うので、ぜひ参考にしてほしい。もし本書の内容に共感していただけたなら、その本書を書いたネムが推奨している本だということで、まあ騙されたと思って読んでいただきたい。

①石井研士『プレステップ 宗教学』弘文堂、二〇一〇年。
②柳川啓一『宗教学とは何か』法蔵館、一九八九年。
③脇本平也『宗教学入門』講談社学術文庫、一九九七年。
④岸本英夫『宗教学』大明堂、一九六一年。
⑤岸本英夫『宗教現象の諸相』大明堂、一九七五年。
⑥細谷昌志・藤田正勝編『新しい教養のすすめ 宗教学』昭和堂、一九九九年。
⑦中村元『原始仏教――その思想と生活』ＮＨＫブックス、一九七〇年。
⑧田川建三『イエスという男』三一書房、一九八〇年。
⑨井筒俊彦『イスラーム文化――その根柢にあるもの』岩波文庫、一九九一年。
⑩滝川義人『ユダヤを知る事典』東京堂出版、一九九四年。
⑪ヴァーツヤーヤナ（岩本裕訳）『カーマ・スートラ』平凡社、一九九八年。

⑫阿満利麿『日本人はなぜ無宗教なのか』ちくま新書、一九九六年。
⑬末木文美士『日本宗教史』岩波新書、二〇〇六年。

本書のまえがきでも述べたように、本書は名古屋外国語大学の「比較宗教論」というわゆる一般教養科目の教科書として書かれている。私は授業を行うにあたって、とくに①～⑤を随時参照しており、本書の中でもかなり参考にさせていただいている。先達のすぐれた業績があるからこそ、私はこういった本を書くことができたのであって、その意味では本書の中のオリジナルな部分はほんの少しである。

まず、①と②はとくに読みやすく、内容も広範であり、しかもページ数も少ないので、本書の次に読んでいただくのがよいだろう。宗教学関連の①～⑥の中で一番網羅的なのは③である。本書の不十分な点を③で補足していただきたい。④と⑤も短くて読みやすいが現代の読者には文章がやや硬く感じられるかもしれない。しかし、日本を代表する宗教学者が書いた古典中の古典であるから、ぜひ一読してみてほしい。鋭い指摘に思わずうなってしまう読書体験が得られるだろう。

⑥は初学者には少し難しいのであるが、入門を終えた読者を新たな深みへ導く優れた本である。辞書的に使える点も便利であり、私はいまでも頻繁に読み返してはいろいろと重要なヒントをもらっている。

次に個別の宗教に関する入門書の類を挙げて置く。⑦仏教、⑧キリスト教、⑨イスラム教、⑩ユダヤ教、⑪ヒンドゥー教である。これらの宗教に関する入門書はたくさんあり、非常に優れたものも多いので選ぶのが難しい。というわけで、私がこれまで抱いていたイメージをひっくり返された本を挙げることにした。⑦は薄い本なので数日で読み切ることができる。仏教といえば浄土真宗と思っていた私の仏教観がいかに偏っていたかを教えてくれた本である。

⑧はかなり分厚いが、文章も平易であるし、何より面白いのですぐに読み切れる。私はこれを読んでイエスが大好きになった。⑨は私の知る限りではイスラム教に関する最上の解説書である。「なるほど」の連続である。⑩は事典と銘打ってはいるが、冒頭から読み進めていくことが可能な本で、そういう読み方をオススメする。とくに、ユダヤ教といえば「選民思想」と学校で教えられ、嫌悪感を持っている人は、学校で習う知識がいかにいいかげんなものであるかをこの本で学んでほしい。

⑪は変わりダネで、入門書ではなく経典である。「カーマ」は「性愛」、「スートラ」は「経典」である。要するにこの本は性愛の聖典であって、女性の口説き方や性行為について書かれているのである。ヒンドゥー教にはこういう内容の経典もあるから驚くが、読んでみると実に淡々とクールに記述されていて、カラリとした爽やかな印象を与えるものである。というわけで、経典を実際に読んでみるための入門書として挙げてみた。

⑫と⑬はいずれも日本の宗教史に関わるものであり、本書ではほとんど扱うことのできなかった領域なのであるが、宗教について学ぶ上で非常に重要なことを教えてくれる本である。⑫は本書でもとくに強調した「自然宗教」と「創唱宗教」の違いを軸にして、日本人の「無宗教」という自己理解がどのようにして生じてきたのかという歴史的な経緯を明らかにしている。大学生なら（高校生でも）全員読むべき本である。

⑬はその名の通りで、日本の宗教の歴史について書かれた本であるが、単なる歴史的事実を列挙した面白くない教科書的な内容とはまるで違っていて、とくに宗教の思想史がダイナミックにグイグイと展開する様子が描かれている。

あとがき

本書で私は自分の個人的な話を好き放題に盛り込ませてもらった。とくに放浪の話もたくさんしたが、最後にあと少しだけ書かせていただきたい。私の出身校は「みんな大学に行く」進学校だったと書いた。しかし、同級生にはなかなかバンカラな連中が揃っていた。その証拠に、親友たち（山岳部やワンダーフォーゲル部ではない）における一人用テント保有率の高さは驚異的な数値であった。高校三年生の半ばで部活動を引退するや否や、テントを持って旅に出る親友がたくさんいた。三連休を利用した短い旅もあれば、学校をサボって十日ほど姿を見せない親友もいた。このバンカラ風土を牽引していたのが、私の双子のカタワレであった。彼は家出という本式のスタイルで奄美大島に行ってしまった猛者であった。

スマホで何でもすぐに調べられる現代とは違い、かなりの程度で行き当たりばったりだったし、そもそも携帯電話さえない時代である。親友たちがどういう場所に行き、何をしてきたのか、旅から帰ってきた彼らが語る経験は魅力的だった。

私は私で、夏休みの約一か月間、北海道をヒッチハイクで旅した。知床半島の小さな渓流に入り、川石の裏にいる虫を餌にオショロコマを何匹も釣り上げて、無料のキャンプ場に持ち帰って物々交換をし、そうやって長期間ほぼお金を使わずに野外生活をしていた。

親友たちはみな人間的に真面目で、スポーツを得意とし、本をよく読み、あまり外見にこだわらず、そして内省的であった。私はこういうバンカラな連中の影響を強く受けながら高校を卒業した。いまから二十五年前の話である。

そして、そのさらに約三十年前にその高校を卒業したのが私の父であった。父の高校時代はちょうど学生紛争の時代で、父はその若きリーダーだったらしい。父は私と同じく（私も父と同じく、というべきか）、高校三年生のときに体育祭で団長をつとめ、高校卒業後は大学には進まず放浪をしていたと聞いた。放浪時代の詳細については知らないのであるが、母が教えてくれたところによると、仏教学者になるという志を得た父が大学に入学したのは卒業後六年目のことだった。そして、私が大学に入学したのもまた高校卒業後六年目だった。

期せずして父と同じような経歴を辿ることになったが、私は父のようなすごい学者にはとうていなれそうになく、父はついサボってしまう私を見てもっとしっかり勉強しろと怒っているに違いない。しかし、学者になったおかげでこうして父のことを書くことができるので、その点では喜んでくれているのではないかと思う。

私は父がいまも私に怒ったり私のことで喜んだりしていてほしいと思っている。そのためには父が「おじょうど」にいるというようなタイプの考え方が必要である。フロイトに言わせれば、「おじょうど」とはそういう私の願望充足のための幻想なのだろうが、私に言わせれば、「おじょうど」があるかないかを確かめることは原理的に不可能であるにもかかわらず幻想だと断じるフロイトも、自分の信じたいことを主張しているだけに過ぎない。

島唄について論じたさいに、「ニライカナイ」の存在に救われた人もいるはずで、そうやって救われた人がいるという事実に私は心を打たれると書いた。死者はただの石ころと同じだと考える立場からすれば、「ニライカナイ」もただの幻想であることになるが、私はどうしてもそのような考え方を好きになれない。あまりにも冷たい態度だと思うからである。

私にとって「おじょうど」は単なる方便ではない。しかし、かといって「おじょうど」の存在を強く信じているわけでもない。第一章第二節で述べたように、この「どっちつかず」の態度に日本人の宗教観を理解する秘訣があるように思う。もし「Aと非A」のように両者が矛盾しているなら、一方を選べば自動的に他方を否定するしかない。しかし、「白と黒」のように両者がただ正反対であるだけなら、両者の間に中間項としての「灰」が存在し得ることになる。「おじょうど」というものに対して、あるかないかの二者択一を迫る必要はないと思う。

無神論に言及した第五章の中で、日本人の多くは神を冒瀆するようなつもりはまったくなく、神がいるかどうかはわからないというつもりで「無神論」という言葉を使っているということを指摘した。いま、「神」を「おじょうど」や「ニライカナイ」に置き換えてみればよい。「あるかどうかはわからない」は「存在しない」よりもはるかに温かいはずである。だから、「あるかどうかはわからない」という「どっちつかず」の温かさを無自覚的自然宗教の日本人は大事にすればいいと思う。

私は死者をたんに物質的存在者とは考えない。しかし、「おじょうど」があるかどうかはわからない。この「どっちつかず」の態度が私にもちょうどいい。

さいごになったが、出版にあたっては、名古屋外国語大学出版会編集長の大岩昌子先生と金関ふき子さん、荒川印刷の浅井友規さんのお世話になった。厚くお礼を申し上げたい。

二〇二三年　三月三一日
父の命日と母の誕生日に
根無一信

ネム船長の哲学航海記Ⅱ
はじめての比較宗教学
なぜ「今日はツイている」のか
名古屋外大ワークス……NUFS WORKS 8

2023年９月１日　初版第１刷発行
2024年３月15日　２版第１刷発行

著者　根無一信　NEMU KAZUNOBU

発行者　亀山郁夫
発行所　名古屋外国語大学出版会
470-0197　愛知県日進市岩崎町竹ノ山57番地
電話　0561-74-1111（代表）
https://nufs-up.jp

本文デザイン・組版・印刷・製本　株式会社荒川印刷

ISBN 978-4-908523-41-0

JASRAC 出 2305290-301